TRIPLE THREE

〝できる人〟がやっている

〝質の高い〟仕事の進め方

秘訣はトリプルスリー

糸藤正士

鳥影社

はじめに

「仕事の進め方」に関する書籍は、インターネットで検索するとたくさん出てきます。それらの多くは、「進め方の技術（やり方）」を説いた、いわゆるハウツー本です。

私たちは、何事につけ「やり方」を求めます。私も「仕事のやり方」の本を何冊も購入しています。〝効率のよい〟仕事の進め方は、誰しも心がけています。

しかし、仕事の進め方の〝質〟についてはいかがでしょうか。〝質〟の大切さは、潜在意識ではしっかり認識されているのですが、日頃は念頭にないのが普通です。

「心技体」という言葉があります。この本では、「技」を生みだし、技を支える「心と体」に重点をおいて「〝質の高い〟仕事の進め方」を深く掘り下げました。

私は、企業人（社員）として二十三年間、研修講師として三十年間、多くの〝できる人〟と一緒に仕事をしてきました。その体験の中で見えてきた、「〝質の高い〟仕事の進め方」の基本である「〝考え方〟と〝在り方〟」を、この本では具体例で、体系的に説明いたします。

「質の高い仕事」を分解してみますと、

【〝質の高い〟仕事】＝（A）【〝質の高い〟専門性】×（B）【〝質の高い〟仕事の進め方】

だといえます。

（A）は、仕事の領域によって様々ですが、特殊な専門性のことではありません。担当している仕事に、誠実に取り組み、創意工夫をしつつ努力を惜しまない態度が高い専門性に至る道です。誰にでも道は開けています。

（B）には、〝できる人〟がやっている共通の秘訣があります。

それを、「**3つの視点**」「**3つの深度**」「**3つの方向**」の、3つの「キーワード」でお伝えします。

それぞれに3項目の核心があり、3×3＝9項目です。

この9項目をビジネスの「**トリプルスリー**」と名付けました。

プロ野球のファンならよくご存じですが、打率3割以上・本塁打30本以上・盗塁30以上の3つを、完全に達成するのが野球のトリプルスリーです。

ヤクルトの山田哲人選手が2年連続達成の偉業を成し遂げ、流行語大賞にもなった言葉です。

野球の
トリプルスリーは
3割30本30盗塁

次の各章で、ビジネスの**「トリプルスリー」**を具体例で説明します。

〈第一章〉**「3つの視点」**とは、次の3視点です。

①「自己」との関係で手段を捉える

②「環境」（例えば相手）との関係で手段を捉える

③「目的」との関係で手段を捉える

〈第二章〉**「3つの深度」**とは、情報の共有化の「3段階の深度」のことです。

① 深度1「事実情報の共有化」（文字、数字が伝わる）

② 深度2「意味の共有化」（目的や、背景情報で意味がわかる）

③ 深度3「考え方の波長の共有化」（思いの共有化―共感、感動）

〈第三章〉**「3つの方向」**とは、自己の姿勢・在り方を振り返る3つのポイントです。

① 相手と誠実に向き合っているか

② 必要な場合には、相手に誠実に寄り添っているか

③ 相手と誠実に向き合っていない

「トリプルスリー」は、業種業界を問わず、新人から経営幹部まですべてのビジネスパーソンに役立つ「〝質の高い〟仕事の進め方」です。

ＩＴ技術の進化で「手段・やり方」の〝効率〟はよくなりますが、仕事の〝質〟を左右する根本は、下図の**氷山モデル**で言えば水面下の「トリプルスリー」です。水面上の「手段・やり方」を、水面下の「見方・考え方」と「姿勢・在り方」が支えています。

手軽な、「やり方」の解説本は氷山の水面上に見えているハウツー本です。魚釣りに譬《たと》えますと、釣り上手の人から〝釣った魚〟を分けてもらうのが、ハウツー本です。

「〝質の高い〟仕事の進め方」の体系　**氷山**モデル

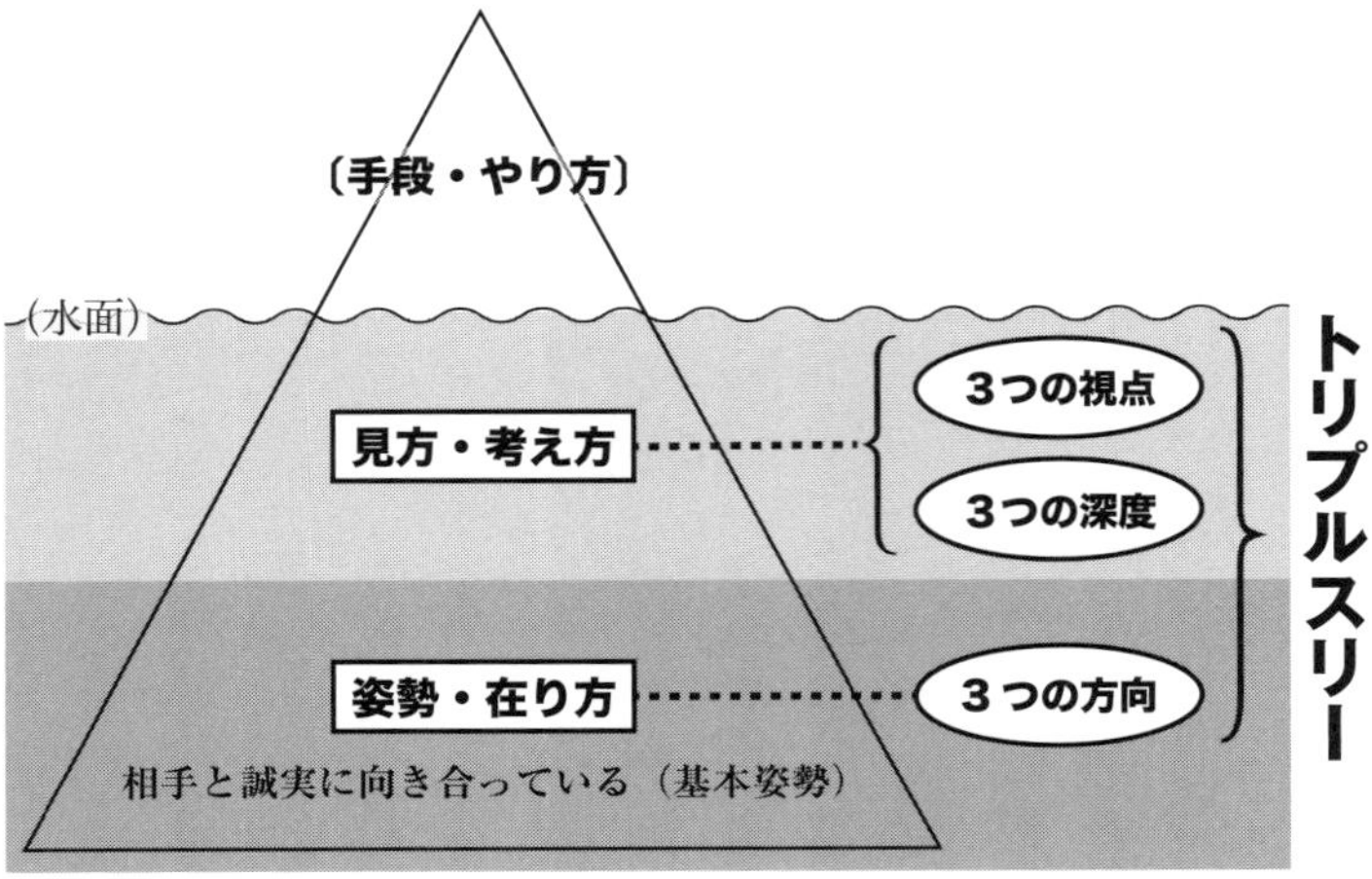

この本では、〝釣った魚〟ではなく、**「魚の〝釣り方〟の情報」**（トリプルスリー）を提供します。読者は、釣り方の「コツ」を会得できます。応用が利き、自分で適切な「手段・やり方」を生み出せるようになります。

そのためのヒントを、本書でつかんでいただければ幸いです。

ところで、**「〝質の高い〟仕事の進め方」**とは、どのようなことでしょうか。

〝質の高い〟仕事の進め方については、「こうしたらよい」とか、「ああしたら……」などと、小手先の「やり方」では説明できません。〝質〟は、内容が深いからです。

この本では、トリプルスリーの9項目で説明します。その一つが、「目的思考」です。

会議を例にします。「この会議の目的は、……です」と、目的が明確に書かれている案内状はほとんど見かけません。また、会議の冒頭で、主催者なり司会者なりから、今日の「この会議の目的は……するためです」という発言もあまり聞きません。

いちいち言わなくてもわかっているだろう、ということでしょう。

会議の進め方には、最初から、〇〇の件の「やり方」を議論する進め方（A）と、まずこの会議の「目的」を明確にし、共有化してから、次に「やり方」を論議する進め方（B）があります。このA、Bを比べますと、言うまでもなく、Bが「〝質の高い〟仕事の進め方」です。なぜなら、手段・やり方が適切かどうかは、目的に照らさないと判断できないからです。

いきなり手段・やり方から入る進め方を「手段思考」と名付け、目的を明らかにし、共有化してから手段・やり方の論議に入る進め方を「目的思考」と名付けました。

何ごとにつけても……、「何のために」と、目的を明確にする習慣＝「目的思考」を身につけますと、私たちの仕事の進め方の質は確実に向上します。

「〝質の高い〟仕事の進め方」を、「目的思考」で説明しましたが、〝質〟を考えるには、「目的思考」だけでは不十分です。9項目（トリプルスリー）が必要です。

とりわけ、第三章の「3つの方向」の一つである「相手と誠実に向き合っているか」という自己の振り返りが重要です。私心なく「正直であり、純粋で、全力でことにあたる」誠実な生き方が、〝質の高い〟仕事の進め方の大切な基盤です。

「〝質の高い〟仕事の進め方」で、充実した、すがすがしい職業生活と人生を得ましょう。

二〇一八年四月

糸藤正士

〝質の高い〟仕事の進め方

目次

第三節　「目的」が先、「手段・やり方」はその後で……42

第二章 3つの深度

第三節

第三章　3つの方向

第一章

3つの視点

トリプルスリー　その1

①「自己」の視点

②「環境」（例えば、相手）の視点

③「目的」の視点……で、「手段」を捉える

第一章 3つの視点 トリプルスリー その1

①自己、②環境（例えば、相手）、③目的

〔序〕

私は、コンサルタントとして、〝できる人〟の「仕事の進め方」を長年、観察・研究してきました。

その結果わかったことは、「〝質の高い〟仕事の進め方」の秘訣は、下の氷山の図で言えば、水面上のA（手段・やり方）ではなく、水面下のB（見方・考え方）とC（姿勢・在り方）にある……ということです。

「3つの視点」とは、仕事の「手段・やり方」を、

「仕事の進め方」の体系を氷山に譬《たと》えた図

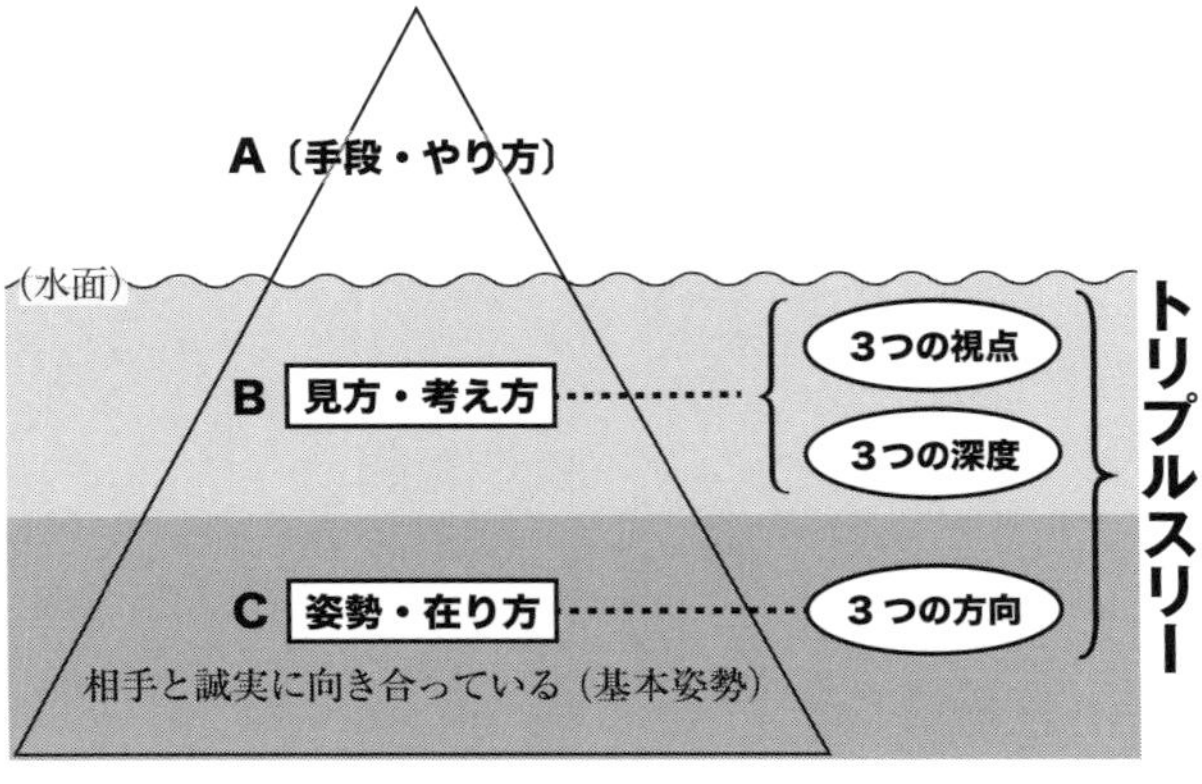

次の3つの視点で捉えることです。
〝できる人〟の視点です。

①「自己」との関係で手段を捉える
②「環境」との関係で手段を捉える
③「目的」との関係で手段を捉える

次ページ以降で、①②③の順に説明します。

この順番に特別な意味はありませんが、目的は、自己が環境を認識して設定するものですから、3番目にしました。

自己がいて、その自己が環境を認識し、意味付けたりしますので、最初に自己について説明し、その次に環境を取りあげました。

「手段・やり方」を捉える「3つの視点」

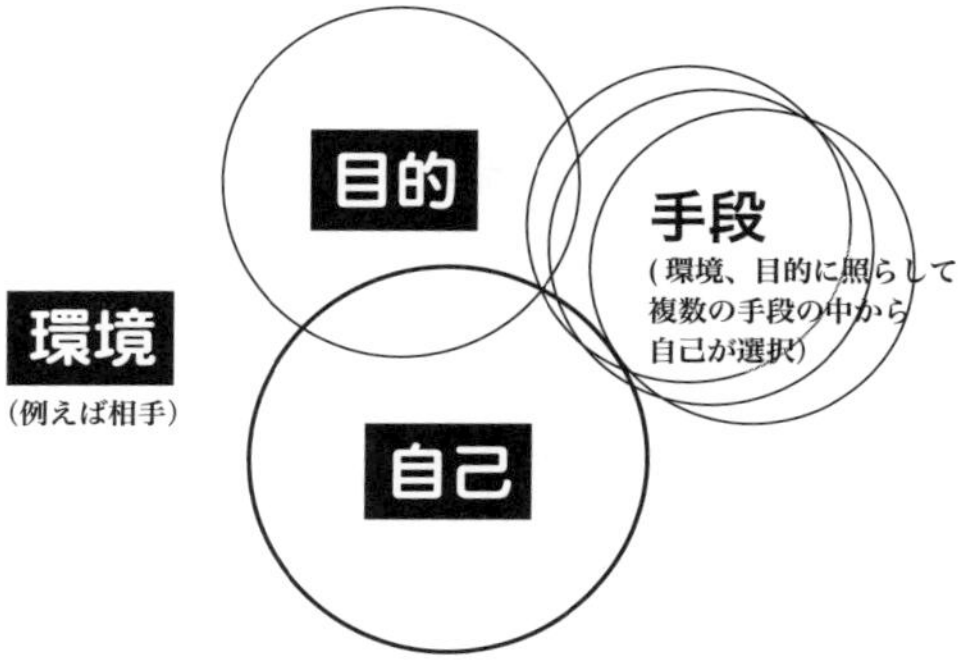

第一節　「自己」との関係で「手段・やり方」を捉えるとは

一言でいえば、仕事中も「自己の客観視」を忘れないことです。

つまり、仕事をしている自分を、もう一人の自分が見ていることです。

（1）「自己」との関係で「手段・やり方」を考える

〈**事例1**〉

私と同期の営業マンの体験談です。

「A社の購買担当Yさんは、なかなか〝気難しい人だ〟と思っていたが、他社の営業マンとは結構打ち解けた様子で、笑顔で面談しているところを数回見かけたんだ」

「ひょっとしたら、気難しい人ではなく、〝俺と会っているときの〟Yさんが、気難しいのかも……と、（自己の対応を）考えさせられたよ」

〔事例2〕

仕事の進め方を取り巻く諸環境には客観的事実もありますが、「自己」が「意味付けた環境」という面があります。〃できる人〃はこのことを念頭に置いています。

もう半分しかない水、まだ半分ある水

仕事をする人の価値観とか、ものの見方・考え方というようなその人の内面にあるものが、客観的な環境に意味を付けます。

例えば、講演会場で講師の机の上にある水差しには、水がどのくらい入っているでしょうか。客観的に測定しようと思えば可能です。0・5リットルある。誰が測っても大差はありません。

ところが、この水差しの水を見たときに、Aさんは「まだ半分もある」とみますが、一方Bさんは「もう半分しかない」とみます。

「まだ半分ある」とみれば、何もする必要はありません。「もう半分しかない」とみれば、昼休みに総務へ電話をして、「先生の水差しに補給して」と頼むでしょう。

つまり、仕事をする「自己」によって、「手段・やり方」が変わるということです。

その状況をどう捉えたか、見る人が意味付けています。私たちの日常的な仕事では、この

ように意味付けられた情報のやり取りをしていることが多いのではないでしょうか。相手の意味付けを、こちらで操作することはできませんから、重要なことについては確認が必要です。ときには、「自分はこう思うが、他の解釈はなりたたないのかどうか……」と、「自己」の意味付けも振り返ってみましょう。人は誰でも、自分の掛けている色眼鏡には気づきにくいものです。

(2)「飲んだら、行きますから……」(自己の影響力の自覚)

私は、約30年間研修講師をしてきました。

これは、23年間勤めた会社を46才で退職して、講師業に転じた駆け出し時代の出来事です。公開セミナーの講師をしていたときのことです。

多数の企業から数名ずつ受講されていました。そのなかで、ある会社から出席されていた3人は、どうも研修に集中できない様子でした。仲間と雑談が多いのです。そわそわして落ち着きがありません。それが受講者全員にも悪影響を与えていました。全体がしらけた、だらけた雰囲気になってきました。

彼らは、昼食後、席に戻って来ませんでした。

探しにいきますと、食堂で缶ビールを飲んでいるのを発見。「午後のセミナーが始まっていますよ」と、呼びましたが、「飲んだら行きますから……」という返事。

研修はどうにか終えました。


数日後、その３人の会社を訪問しました。社長からセミナーの報告を求められたのです。私は、ありのままを述べました。他の参加者へ悪影響を及ぼしていたことも率直に報告しました。その報告を聞き終わった社長の言葉です。

「先生、うちの奴らは、ろくでもない連中のようですね。でも、そんなやつらだからこそ、先生にお願いしているのですよ」

私は、ハッとなったのです。自分の姿が見えたのです。

この社長の言葉が、忘れられません。

それ以来、いかなる状況であれ、それがやりにくい会場であれ、受け身の受講者であれ、しらけた人たちであれ、そこをなんとかするのが講師である「自己」の役割だ、と納得できたのです。

ところが、そのときは納得できたと思ったのですが、しばらくするとその納得は頭で理解した浅いものだったのがわかってきました。

ともすると、「受講者が不真面目なので」、「相手が悪い」、「会場が不備なので」などと、これまで通りの考えが頭をもたげてくるのでした。

約30年も講師業をしてきましたが、いまだに真の納得の境地にはいません。

「俺の研修では、常に真面目で熱心な受講者ばかり……」という幸運な先輩講師がいました。後でわかったのですが、（幸運ではなく）その先輩が、どのような受講者であれ、自分の影響力（力量）で、真面目にさせていたのです。

一方、「どんなにわかり易く話しても、わからない人がいるのです」と、雑談のなかで、某講師が発言されました。そのとき、別の先輩が、「わかるように言って、わからない人がいるでしょうか？」と、つぶやいているのを耳にしました。

（3）こうなったのは、あの人が支店長になってから……

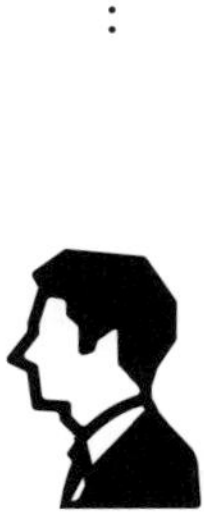

私の講師体験です。ある銀行の、支店長研修と課長研修でのことです。

M支店長のグループ討議のなかでの発言です。

「今度の支店はどうもいま一つ活性化していない。次長以下課長連中に何となく活力がない。会議では発言が少ないし。もっと積極的に提案や議論をして欲しい」

ひとわたり支店長クラスの研修が終わって、課長研修に移りました。

私は、この前のM支店長の部下の課長さんたちだな、と思ってグループ討議の話を聞いていました。

「まあ、支店長の言われるように、うちの支店は今のところ若干消極的なムードになっているかもしれん。だけど、こうなったのはあの人が来てからだよ。あの支店長が来られてからお通夜みたいになったんだから。

それまでは俺たちも明るく活発にやっていたんだし。まあ、あと1年半ぐらいで替わりますから、ご心配なく（笑）」

銀行の場合には、3、4年で支店長は転勤しますから、どの支店長のときにどうだったのか、はっきりします。支店の風土や行員さんの働きは支店長次第とも言えます。

支店長が替われば、支店のムードが一変することは、よくあることです。何とかして、この支店の沈滞ムードを打ち破りたい、という支店長の努力も、部下を改革の対象物とみていろいろ手を打つだけでは成功しません。

もしかしたら、その原因が自分にあるかもわからないと、自分自身も含めて原因を考えてみないと真の解決にはならないのです。あまり転勤のない企業の場合には、幹部自身が自己変革していかないと、部下の不幸はより深刻になる危険性があります。

上司が、部下を見ている、職場を見ているといっても、客観的な部下を見ているのではありません。あくまで「自分の影響下にある部下」を見ているのです。

人の行動は、その人（P）と、その人が置かれている環境（E）との関数（P×E）である、と言われます[註]。そういうときの環境ですが、**「企業人にとって、最大の環境は上役なり」**という名言があります。部下の働きが良いとか悪いとかいってみても、そうさせているのは上役自身でもあるのです。

〔註　B=f (P・E) アメリカの社会心理学者K・レビンは、行動（B：behavior）は、人（P：person）と環境（E：environment）の関数（f：function）であると捉えて、このような式で表しています〕

＊＊＊＊＊＊＊＊＊＊＊＊＊＊＊＊＊＊＊＊＊

ところで、立場を逆にして、この事例を部下の立場でも考えてみましょう。

すると、……「支店長にこのような発言（マネジメント）をさせているのは、われわれ課長の働きが良くないからだ」、と言えることに気がつきます。

「あと1年半ぐらいで替わりますから、ご心配なく……」と、支店長のマネジメントを茶化している課長さんは、「自己の視点」を心得ていません。

支店長の、部下への影響力が大きいのは言うまでもありませんが、支店長に「この支店の現状は消極的だ」と言わせているのは、「自分たちの仕事ぶりに原因があるのではないか」、と気づいたら、課長さんたちの「仕事の進め方の質」は、一段と高まることでしょう。

「自己を含めた全体状況の把握」という視点は、支店長にも部下の課長さんたちにも、両者に必要な大切な視点です。

（4）相手と戦うことは絶対に出来ない

アメリカの経営学者フォレットは、半世紀以上も前に、前述の某銀行の支店長と課長さんたちのような状況を「サーキュラーレスポンス」（円環的対応）という概念で、われわれに教えてくれています。

〈フォレットは、テニスの試合を好例として引いている。Aがサーブする。Bが打ち返すボールの状態は、半分AがBに打ったサーブのいかんによる。次にAがBに打ち返すボールの状態は、半ばBがAに打ち返したボールによる。これが次々につづく。

だから、彼女（フォレット）は言う。『円環的対応の概念によって、多くのことが明らかになった。というのは、自分は決して相手と戦うことは絶対に出来ないのであって、われわれはつねに相手プラス自分と戦っているのだ、……』〉

（出典『フォレット』三戸　公・榎本世彦著　同文館）

なお、「自己」は、環境認識にも、目的設定にも、手段・やり方の選択にも、すべてにかかわりますので、この章以降にも随所で「自己」の説明を重ねます。

「自己の視点」まとめ

「自己の視点」とは、仕事中も「自己の客観視」を忘れないことです。

つまり仕事をしている自分を、もう一人の自分が見ていることです。

別の言葉で言えば、自己の影響力（の有無・程度）を自覚することです。

相手に不満がある場合に、「相手の対応が悪いのは、自分にも原因があるかも……」、というような見方ができることです。相手だけでなく、自分を含めて全体状況をつかむ「自己の視点」は、「〝質の高い〟仕事の進め方」をするための重要な視点です。

「自己を含めて全体状況を見る」というフレーズで覚えておきましょう。

例えば、上役の立場にある人は、「部下の働きが、いま一つ……」とぼやいたりしますが、部下の仕事ぶりを変えさせるのは、容易ではありません。

「過去と他人は変えられない」という名言があります。「自己」が変われば、相手の動きは変わります。（たとえば、自己のマネジメントが変われば……）

なお、「自己」は、他者から見れば、その他者の環境（相手）です。

第二節 「環境」（例えば、「相手」）との関係で手段を捉える

「3つの視点」……①自己、②環境、③目的

仕事をとりまく環境（例えば相手）

手段（仕事の進め方）を取り巻く「環境」には、自然環境、政治的・経済的環境、地理的環境など様々なものがあります。たとえば、○○大会を開催するにしても、会場の広さや、予算とか、アクセスの便とか、開催準備役員の熱心さ、天候など、さまざまな「環境」があります。私たちは、この環境次第で大会開催の進め方を変えています。

とりわけ仕事の周囲の人たちは、重要な環境です。すべての仕事は、関係者との意思疎通（情報の共有化）を通じて進むからです。

「３つの視点」

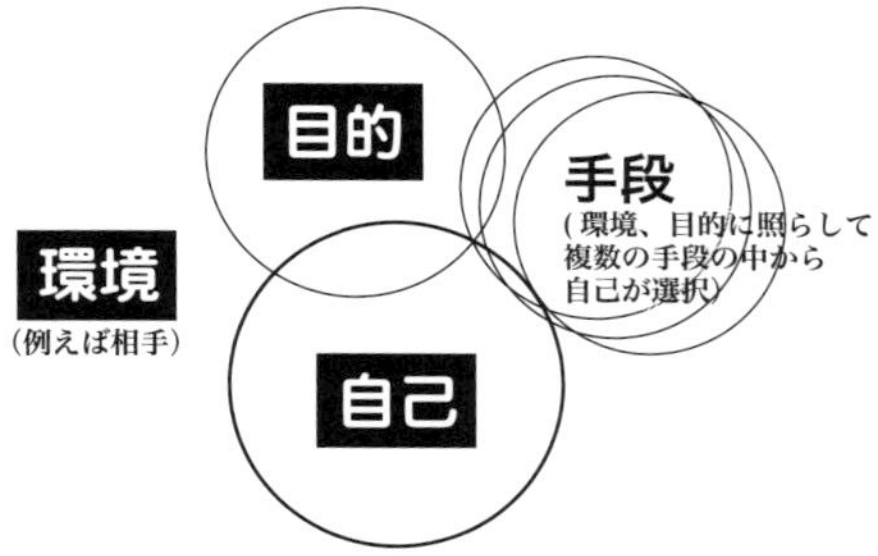

(1)「文書」好きの専務、「口頭」を好む副社長

私は、講師になる前に23年間某社に勤めました。その時の体験です。
総務部長をしていたとき、前半はK専務、後半はN副社長が上司でした。
総務の仕事は、間口が広くて、いろいろ予期しないことが起きます。時には、専務の方針を急いで確かめる必要も出てきます。

「実は○○の件ですが、こういうわけですから、このように対処したいと考えますが……」と、言いかけますと、ものも言わずに書類箱を指されるのです。書類を入れておくように、という意味です。

「あの、急ぎますので……」と言いますと、「急ぐのなら、早く書いて早く入れとけ！」。

これには困惑しました。初めは非常にやりにくかったのですが、やがて慣れてきました。書類にして出すと、さすが書類好きだけあって、パッとみて、パッと返ってきます。
返された書類を見ると、「この点についてはどうなっているか」という鋭い指摘が、赤い

小さい字で、書かれています。

それに対して口頭での返事は許されません。

また書類にして「ご指摘の点は調べましたら、こういう状況ですので問題ありません」と、メモをつけて再提出することになるのです。

仕事は書類で進むものだ、というK専務のワークスタイルも、慣れてくると記録も残るし、文書による指示の明確さというメリットもあり、やり易さすら感じてきました。


ところが、役員の担当部署の変更があり、上司がN副社長に変わったのです。

すると今度は、決裁を得ようとして簡単な契約書案を提出しているのですが、いつまで経っても回答（決裁）がありません。これでは仕事が進まないので、決裁を仰ぐべく副社長室に伺いますと、例の書類は書類箱に入ったままになっていました。

「先日来進めております、○○の件の契約書でございますが……」といってその書類を手渡しました。すると、「何だ、これは?……。俺にいちいち読ますのか!」と叱られたのです。

書類の中に何が書いてあるのか、何が問題で、それに対してどう対処するのか、ポイントを口頭で述べよと言われるのです。

口頭で質問が飛んできて、口頭で答えなければなりません。口頭でのやり取りで納得がいけば、書類にサインをされて決裁です。

「企業人にとって、最大の環境は上役なり」という名言を思い出します。

＊＊＊＊＊＊＊＊＊＊＊＊＊＊＊＊＊＊＊＊

上役の存在は、部下にとって仕事のし易い良い環境にもなりますし、やりにくい悪い環境にもなります。良くも悪くもない、存在感のない上役もおられます。

次の例は、良い環境の例です。

映画監督の山田洋次氏が、川村元気さんのインタビューで、質問に答えています。

〈……。僕は、〝寅さん〟を撮る前、ハナ肇主演の喜劇のシリーズをコンスタントに撮っていたんだけど、だんだん客が入らなくなって。あるとき、松竹の会長だった城戸四郎さんに呼ばれて次は何を撮るんだと聞かれたから、「どうも近頃、僕の作品は客が入らなくて」と弱音を口にしたら、「客を入れるのは営業部の仕事だ。君はそんなこと心配しなくていい」と言われてホッとしたことがある。その言葉でどんなに救われたことか。ちなみに〝寅さん〟が当たったとき、……〉

（出典『仕事。』川村元気著　集英社）

（2） 期待できない市場と、有望な市場　奥地で靴を売る営業マン

次のような話があります。読者の皆さまもご存じだと思います。

靴屋の営業マンが某大陸の奥地へ市場開拓のために派遣されました。A社の人が行ってみると現地の人たちが大勢いるが、革靴を履いている人は誰もいません。そこで、「ぜんぜん期待できない市場だ」と本社へ報告しました。

一方、同じ所へ派遣されたB社の人は、人は大勢いるが、革靴なんか履いている人は一人もいない。誰も履いていないのだから、「やりようによっては相当有望な市場だ」と本社へ連絡しました。

この二人の見ている風景（事実情報）は同じですが、意味付けによってこれほどの違いが出るのです。

受信者の方も、「そうか」と受け取る人もいるでしょうし、これは彼流の見方をしている

のでは……と思って「別の角度からも見てみたら」と、反応する人もいるでしょう。

したがって、発信者、受信者ともに、「相手がどういう意味で言っているのか、どのような意味に受け取っているのか」、重要なことには意味の確認が必要です。

彼が日頃から、消極的な見方をする人なのか、積極的な見方をする人なのか、このあたりが少しでもわかっていれば一層その意味が深くつかめるでしょう。

日常の仕事では、いちいち確認するような煩瑣《はんさ》なことはできません。しかし、やりとりしているのは事実情報だけではなく、意味づけられた情報が混在していることを頭の隅に置いておきたいものです。

同じ状況に出会っても、悲観的・消極的な見方をする人は、もうダメだ……と見ますが、楽観的・積極的な見方をする人はチャンスかも、と見るでしょう。

「手段・やり方」は「環境」の影響下にありますが、その環境は、客観的な環境もありますが、「自己」が意味付けた環境でもあることを念頭に置きたいものです。

（3）「相手」の行動パターンに応じた仕事の進め方

① あなたと相手の行動パターン（性格）は？

行動パターンという切り口からの自己理解・他者理解が、〝質の高い〟仕事の進め方には有効な場合があります。次の質問を手がかりにして、自分の行動パターンを考えてみましょう。

大胆に割り切った超略式ですから、ここは、遊び的な感覚で読んでください。

あなたは、外向的で口数の多い方ですか、または内向的で口数の少ない方ですか。

外向的なら、それを二つに分けます。（O《オー》は、アウト。I《アイ》は、イン）

O（1）《オーワン》：タイプ　断定的な言い方、その場を取り仕切る

O（2）《オーツー》：タイプ　人間が好き、社交的で、アバウト

内向的なら、二つに分けて、

I（1）《アイワン》：タイプ　波風をたてたくない、おだやかで調和を尊ぶ

I（2）《アイツー》：タイプ　細部と筋にこだわる、正確さを尊ぶ

いかがでしょうか？　自分の行動パターンの見当がついたのではないでしょうか。

②　４人の天下人の行動パターン（性格）は？

信長は、Ｏ（1）：タイプ「鳴かぬなら、殺してしまえ、ほととぎす」
　　　結果だけの簡潔な表現を好み、即断もできる人

秀吉は、Ｏ（2）：タイプ「鳴かぬなら、鳴かしてみよう、ほととぎす」
　　　社交的で、口頭による対話を好む、楽天的

家康は、Ｉ（1）：タイプ「鳴かぬなら、鳴くまでまとう、ほととぎす」
　　　じっくり考える、安全、堅実、安定を求める

光秀は、Ｉ（2）：タイプ「鳴かぬなら、調べてみよう、ほととぎす」
　　　筋の通った表現、事実に基づいた表現を求める

４タイプを四人の天下人に当てはめてみました。あなたは、どのタイプでしょうか？

(4)「相手」の好みに応じた接し方をする自立人間

行動パターンからの自己理解が進めば、他者理解も深まります。

当たらずといえども遠からずで、相手の性格は日頃の言動からおよその見当がつくようになります。そうなりますと、相手によって接し方をある程度変えることができるようになり、対応が効果的になるのです。

お客さまの行動パターンは変えられないので、自分の接し方を柔軟に変えることは、営業担当者ならば大抵の人が無意識に実行しています。こちらの接し方を固定してはうまくいかないことを、経験的に知っているからです。

〝できる人〟は、これを〝質の高い〟仕事の進め方と心得て、実行しているのです。

ところで、相手によって接し方を変えるのは、八方美人になるのでしたくない、という意見があります。一理あるようにも思います。

しかし、自分が真の「自立人間」であり、どうしてもこれだけはやり遂げたい、これを実現してお役に立ちたい、という「志《こころざし》」を持っている人ならばどうでしょうか。世のため人のためのその志は、一人では実現できません。

周りの人を巻き込んで、自分一人ではできない大きい仕事をするのが、〝できる人〟です。できる人は他者の知恵と力を借りて成し遂げるために、相手の好みに応じた柔軟で効果的な対人対応は必要なものとして理解し、実行しているのです。

「志」を持っていない、相手に期待する「依存人間」ですと、相手の出方に合わすだけの八方美人になりかねません。

「自立人間」であることが、相手に応じた接し方をする重要な前提です。

(5) 長い、短いは、相手が決めること

長い期間を要する仕事があります。そのような仕事では、中間報告が必要です。研修講師をしていますと、ときどき「長い期間とはどのくらいの長さですか?」という質問を受けます。基準を求めているのです。

ところが、「長い期間」とは、物理的な時間ではないのです。相手が、その仕事をどのように捉えているかによるのです。要るのは、基準ではなく判断です。

もし、お客様や上司が、その仕事を非常に重要・緊急と考えておられるのがわかったなら、たとえ一日で完了する仕事でも、朝指示されたら昼前には中間報告が必要です。3時ごろには終了の見通しの報告が要るかもわかりません。

逆に1週間かかる仕事でも、ものによっては中間での報告がさほど必要でないこともあるでしょう。

また、相手のワークスタイル(性格)にもよります。こと細かく経過を把握したい上役に対しては、たびたび中間報告が必要となるでしょう。Aさんにとっては「長い期間」でなくても、気の短いBさんにとっては「長い期間」なのです。相手のワークスタイルにも注意を払い、手段を固定せず柔軟に対応するのが「〝質の高い〟仕事の進め方」です。

「環境」（例えば「相手」）**の視点　まとめ**

仕事をする人を取り巻く諸環境のうちでも、周りの人たちは重要な「環境」です。その仕事をとりまく関係者のことです。顧客、仕入先、上司、同僚、部下、後輩……など、立場も、性格も、好みも、さまざまです。

「やり方」を固定しないで、「相手」によって、仕事の進め方を柔軟に変えるのが〝秘訣〟です。仕事の進め方の質を高める大切な視点です。

例えば、「いちいち細かい指示をする」上司もいれば、「任せた。責任をもって結果を出せ」と求める上司もいます。

「企業人にとって、最大の環境は上役なり」という名言があります。人事異動で上司がかわれば、場合によっては、仕事の進め方を変える必要があるのです。顧客に対して柔軟な対応が必要なことは言うまでもありません。

第三節 「目的」が先、「手段・やり方」はその後で

（1）「なぜ、今、ここにいるのですか？」

私の研修では、本題の前に簡単なエクササイズ「目的思考」を実施します。

糸藤「ところで、皆さんに質問しますが、なぜ、今ここに居るのですか？」

……〔反応なし〕〔沈黙〕……

ときには指名します。「田中さんいかがですか？」。すると、

「先生これですよ」と、研修の案内状を見せられました。

「この案内状が来たから、ここに居るのです」

糸藤「なるほど。では、鈴木さんは？」

「上役に、お前行ってこい、と指示されたからです」

糸藤「山本さん、あなたの場合は？」

「社長命令です。ワンマン社長だから、逆らえませんよ」

糸藤「佐藤さんは？」

「あっ、私ですか……。順番です。新任課長が受けるようになっているのです」

……というような応答になります。

これらは「理由」を答えられたのです。なるほど、案内状が来なかったら、ここに居ないのは確かです。理由は、過去です。因果関係です。かくかくしかじかの原因があったので、結果として今、ここに居るというわけです。

しかし、私は「目的」を訊きたいのです。「何のために」ここで、今日一日過ごすのか。指示があったからここに居るというのは間違いではありません。しかし、来た以上は、ここで「自己目的」を明確にしていただきたいと思います。目的は未来です。そして自分の意志が込められています。「私は、……をするために、今日5時まで、ここに居る」という自分の意志が肝心です。

「会社には、会社の目的があります。（株）〇〇として、何のためにこの研修を実施するのか。木下専務の先ほどの挨拶でも述べられていました。皆さんに仕事をやめて集まってもらい、相当な費用もかけてこの研修を実施するのは、会社の目的が明確だからです。そして、ここには糸藤正士という、研修講師の私がいます。私は、私の目的をもっています。『プロの講師として、研修の仕事を、自己成長の機会にする』という自己目的です。

（もう一つは、〝できれば、参加者の発言などから、自分のオリジナル教材のネタ〔生情報〕を得たい〟という秘めたる自己目的です）。

しかし、いくら私の目的が明確であっても、私は私、会社は会社というように離れていたのでは意味が無いですね。私の目的は、御社の目的と当然重なるところがあります。

では、御社の研修を請負っている講師だから、御社の研修目的が、イコール私の目的だ、というのはどうでしょうか。目的が完全に一致していて、一見いいようにも思えますが、よくないですね。

これでは、私が手段になってしまいます。私は手段ではありません。私には、私の目的があります。しかし、それは、ご依頼を受けて仕事をする以上、御社の研修目的を追求しながら、同時に持っている私の自己目的（個人目的）です」

「同様に、皆さんも『自己目的』を明確にしてください。ノートか、シートの余白などに、『私は、〔……するために〕、ここに居る』と書いてください」

このように、セミナーの入口で「目的思考」の体験学習をしますと、研修の内容とか、講演の主題が何であれ、参加者からは、例えば次のような感想がでます。

セミナー受講者の感想文

大阪市在住のＦです。「社会保険労務士」を生業として今年で15年目です。セミナーの感想です。

初めて糸藤さんのセミナーを受講したときに、「あなたが今日ここへ来た目的は？」としょっぱなに訊かれ、「えっ、？」、と絶句したのを今でも思い出します。

何事にも目的がある、来たからには「何のために」の目的を持って時間を過ごしてください。「〝質の高い〟仕事の進め方」の重要キーワードは「目的」です。とおっしゃいました。

「人は質問されたら考え始める」を実感した瞬間でした。

職業柄、労務管理研修や年金関係のセミナー、労働法の基礎知識のセミナーなど一方通行的なセミナーの講師をする機会があるのですが、「〝質の高い〟仕事の進め方」を勉強し始めて以来、できる限り、初めに「目的」を余白に書いてもらい、セミナー中は、「問いかけ」をするよう心がけています。（まだまだ満足にはできていません）

どうぞ、よろしくお願いいたします。

社会保険労務士（女性）Ｆ

（2）「目的」がわかれば、新人でも判断できる

山田君は、上司から「中型のハンマーを持ってきてくれ」と指示されました。工具置き場へ行ってみたら、そのハンマーはあいにく他の班が借り出していましたので、やむなく手ぶらで戻りました。

山田君　「中型のハンマーは、他の班が使用中でした」

上司　「馬鹿もんが！　代わりになるようなハンマーがあったろう」

山田君の仕事の進め方は、どこがまずかったのでしょうか？

ポイントは、仕事の「目的」をつかんでいるか、どうかです。「廃材をつぶし、圧縮して廃棄するために」という目的をつかんでいれば、中型のハンマーが無ければ、代わりのものを持ち帰っているでしょう。あるいは、「中型は○○班が使用中です。代わりに少し大きめのハンマーでもよろしいでしょうか？」と、携帯で上司の指示を仰ぐでしょう。

このようなちょっとした仕事でも、目的がわかっていれば判断ができるので、気の利いた仕事の進め方ができるのです。

私たちは、何かするときまず考えるのは、「どうやって進めようか」という、「手段・やり方」です。これを、「手段思考」と呼びます。

しかし、〝できる人〟は、その手段の目的を考えます。これが「目的思考」です。「〝質の高い〟仕事の進め方」の〝重要な核心〟ですから繰り返します。

①目的思考……手段を考える際に、その手段の「目的」を考えます。
②手段思考……「何のためか」を考えずに、頭が、手段の模索へ直行する。

目的思考は、日常的な会話でも有効です。

〝できる人〟は、わかりやすい話し方をしています。なぜわかりやすいかと言えば、目的を最初に告げているからです。たとえば、

「〇〇について、ご報告があります」
「教えていただきたいのですが」
「お願いごとですが…」
「ご都合をお伺いしたいのですが」など、いろいろあります。

仕事のできない人は、いきなり用件に入って、相手を困惑させます。そのような人も、目的を最初に告げれば、相手は一瞬で用件がわかり、話はスムーズに展開するのです。

目的を伝え､同時に「今、よろしいでしょうか?」と､相手の都合をたずねるのが､〝質の高い〟仕事の進め方のできる人です。

仕事の進め方を振り返ってみますと、従来から続けている仕事の場合は、目的を考えずに今まで通りにやっている場面が多いと思います。

一方、新しい仕事の場合には、「手段・やり方」の模索から始めて、「何のために」これをやろうとしているのか、目的が曖昧なことがよくあります。

仕事の途中からでも、「何のために」今これをやっているのか……と､振り返って目的を明らかにしましょう。

目的が曖昧だと、手段の選択を誤っていても気が付かないし、目的の共有化もできませんので、関係者の協力が得られません。

「手段・やり方」を捉える「3つの視点」

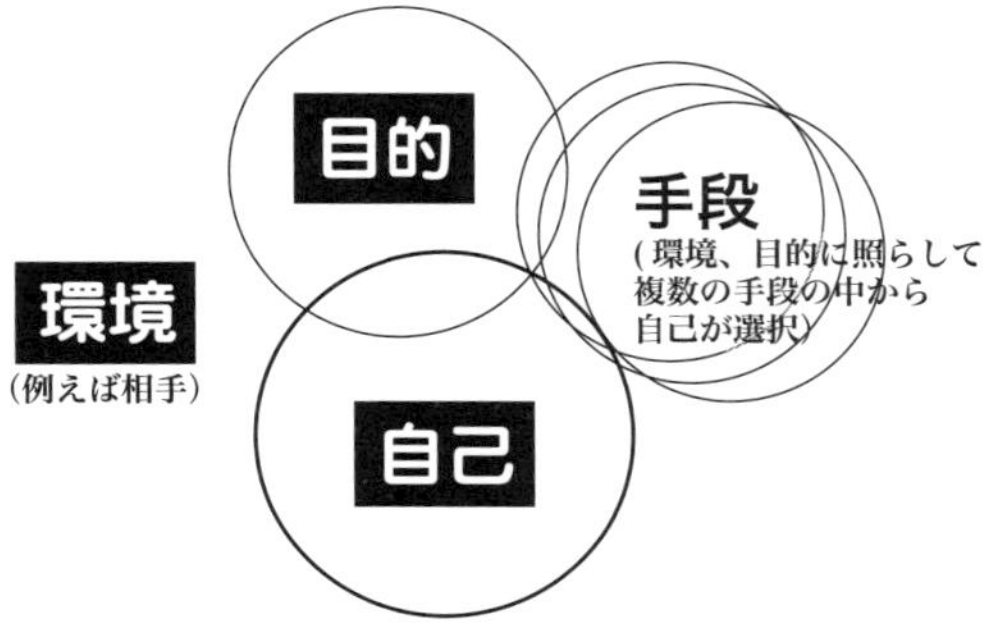

（3）「目的」と「目標」の違いを説明できますか？

「目的」と似た言葉に「目標」がありますが、この二つはどう違うのか、違いの曖昧な人は結構多いのです。目的を目標の延長線上の上位にとらえて、目的をブレイクダウンして目標にする、という考えの人も多いようです。目的が「上」にあって、目標は下にある、という直線上の上下関係とみる捉え方です。

私は、目的と対置すべきは手段だと考えます。「目的」対「手段」です。「目的」対「目標」ではありません。その「手段」の中に、重要要素として目標があります。

「これは、何のために」……と、手段の意味を明らかにするのが目的です。ですから、目的は手段の外にあります。

目的と目標を対置して「上下」の関係と捉えるのではなく、目的と目標は、手段の「内外」の関係と捉えます。目的は手段の外、目標は手段の内です。

ここで、「科学的接近」という仕事の進め方の基本ステップと、図解によって、さらに違いを明確にしておきましょう。

「科学的接近のステップ」とは、下記の6ステップです。

仕事の進め方の基本ですが、ここには、目標が出ていません。

出ていない理由は、目標は計画（＝手段）の中にあるからです。

このステップでわかることは、目的に対置すべきは、目標ではなく、計画という手段だということです。

科学的接近の6つのステップ

①目的を明らかにする
②事実を集める
③事実について考える
④計画をたてる
⑤実行する
⑥あとを確かめる

目的は「手段を意味づける」

「何のために」、これをやらなければならないのか。手段の「意味」を明らかにするのが目的です。

目標とは「期限のある、到達地点」です。

目的と、（手段の中にある）目標は、どちらも大切ですが、目的によって、〝期限と到達地点〟である目標の位置を決めているのです。目標は「いつまでに、どれだけ」という形で示されます。

「目標は、目的追求の手段なり」

目的と目標の違いを簡潔に言い表しているこの名言を覚えておきましょう。

〝目的を忘れて〟、例えば手段である生産目標、売上目標、コストだけに重点を置いて追求していますと、品質のトラブルを起こしたりしかねません。自己が、今やっている仕事は「何のためか？」と、目的を確認しましょう。これが「〝質の高い〟仕事の進め方」です。

目標は達成すれば消えてなくなりますので、新たな目標を設定する必要があります。また、大きい目的を追求するためには、複数の手段が必要な場合もあります。つまり、一つの目的に、複数の目標が必要な場合もあるということです。

上司から指示を受ける際に大切な心得は、指示の目的をつかむことです。わからなければ、「この仕事の目的は、○○でしょうか？」と、質問してでも目的を明確にしましょう。仕事の過程で何かを判断する際は、目的に照らして判断します。「仕事の目的」がわからなければ適切な判断ができないので、「〝質の高い〟仕事の進め方」ができません。

図1

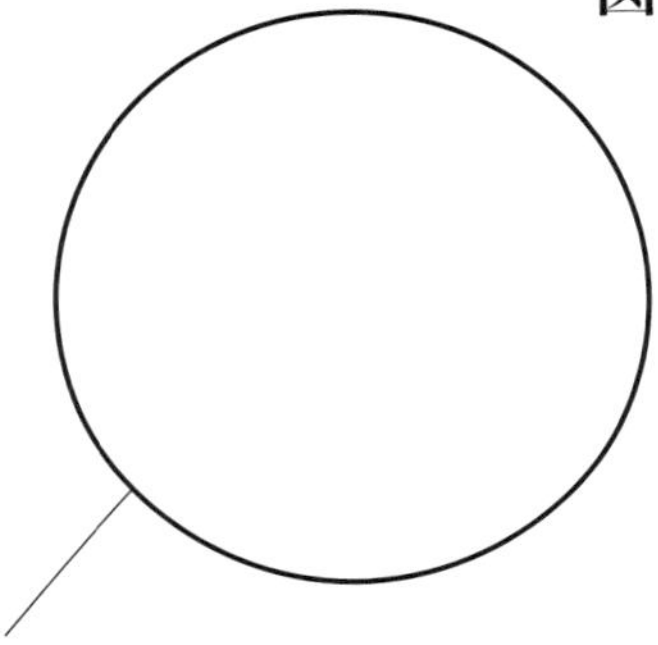

計画（＝手段）

違いを、一段と明確にするために図解します。ここに、やっていることがあります。あるいは、やりたいことや、やるべきことがあります。それを円で描きました。上司の指示とか、自分の意思とか、突発的な事態などで発生します。（仕事に限りません）

そのやるべきことを実行するために計画を立てます。上の（図1）では、計画を円で描いています。

あなたはこの円のどこに「目的」と「目標」を書きますか？「目的は計画の外、目標は計画の中」ですね。

次に、（図2）をご覧ください。目的と目標の位置が明確にわかります。

なお、目的次第では、複数の手段（計画）（＝複数の目標）が必要になります。

参考情報ですが、ドラッカーは、次のように言っています。

「事業とはなにかを理解するためには、事業の目的から考える必要がある。事業の目的は企

図２

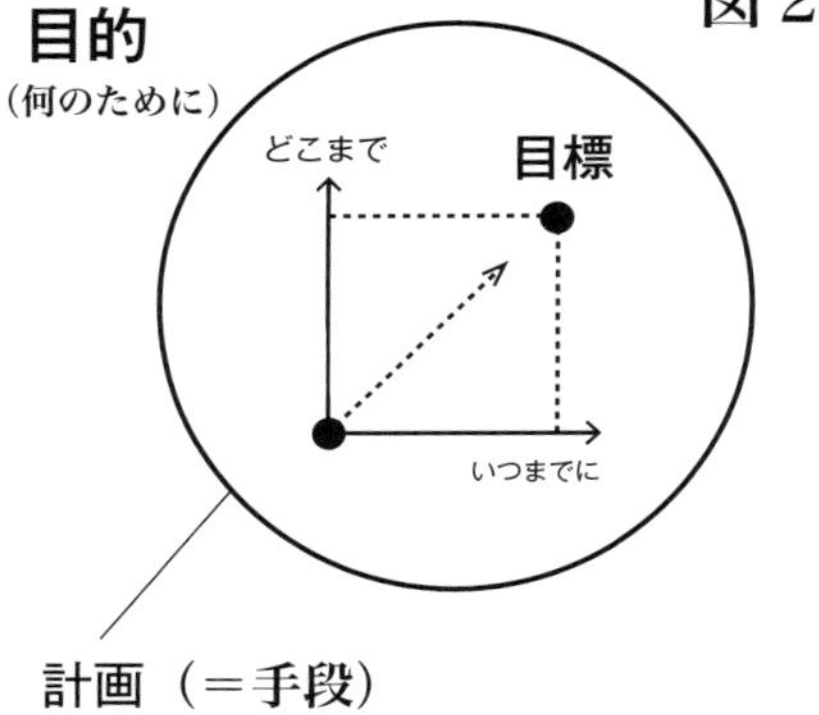

業の外にある。企業が社会の一機関である以上、事業の目的は社会に求めなければならない。
　そして、事業の目的として有効な定義はただ一つである。それは顧客を創造することである。市場は神や自然や経済的な力によって創造されるものではない。企業人によって創造される。事業家が満足させる欲求は、それを充足する手段が提供される前から、顧客が感じていたものかもしれない。」
（出典『現代の経営』（上）ドラッカー著　ダイヤモンド社）

（4）名札の目的は？（研修の開始時に体験学習）

大手企業の研修開始時のことです。各自、入口の無人受付で、机の上にある名簿の自分の名前に○印を付けて、名札カードと名札ケースを受け取って室内へ入ります。

受講者はグループに分かれて座りますが、その机の上においてあるマジックで各自名前を記入して、首に提げる方式です。

（※この名札は、紐の長いタイプです）

入口の受付の背後には、下記のような注意書きが貼ってありますが、受講者の多くはチラッと見るだけです。

（この注意書きは、やり方を指示する「手段思考」ですね。よく見かける普通の方法です）

講師の私は、開始前に、白板に赤字で【名札の目的は？】

名札についての注意事項

①各自、名前を書いてください
（マジックはグループの机の上に）
②表裏に、姓だけ、大きな字で
③紐の長さは、各自で調整すること

と書いておきました。
（参加者は、ちらっと見ているが、誰も注目しません）

研修開始後しばらくして、
「皆さん、名札の目的は何でしょうか？」
と問いかけました。
すると、あちこちで、紐を短くする人が出ます。
「長い紐を短くされた人もいましたね。
名札が裏返しになっていた人も、小さな字で、読めない名札もありました。
名前を書いていない名札の裏が出ていた人もいましたね」
名札の「目的」がわかれば、どうすればよいか「やり方」は判断できます。
次は、研修直後に受講者からいただいたメールです。

名札の目的は？

研修受講者の感想文1　Tさんの感想（感想②③は省略）

昨日は有難うございました。また「目から鱗《うろこ》」の一日でした。
研修を受けた感想ですが
①「何のために名札をするのか？」
セミナーなどに参加するとよく置いてあるのが「名札」。
昨日までは何も考えずただつけていましたが、その目的を問われハッと気づきました。自分は紐を長くして名前が見えず、また裏返しになっていてさらに見えず、
何のための名札かと自問自答でした。（恥ずかしかったのでコソっと直しました）

研修受講者の感想文2　Kさんの感想（感想②③は省略）

研修に初めて参加したKです。印象的だった事を書きます。
①目的思考の考え方／名札の目的を訊かれて……
「名札」の目的がわかれば、首ひもを長々と垂らすことは無い。当然、ひもを短くすることになる。言われてみれば当たり前です。

様々な会合の場で、皆があたかも自分の名を隠すかのように長々とひもを垂らしてしまっている光景を思い出しました。「目的」がわかっていれば、「機転」が利く。

（5）「自己目的」とは、何でしょうか？

主催者が、その会議を「何のために」開催するのかというのが会議の目的です。「主催者の会議目的」を出席者全員が共有化することはもちろん必要ですが、あいまいな場合が結構多いのです。

なぜかと言えば、たいていの会議開催通知には、日時、場所、議題、出席者名などは書かれていても「会議の目的」（何のために……）が記載されていないからです。

読者の方には、会議の案内状に「この会議の目的は……」と明記していただくよう期待しています。

そして、会議の冒頭で主催者なり、司会者なりから、「今日のこの会議の〔目的〕は、開催通知状に書いていますが、議題の1、2については参加者で議論して、その議論を踏まえて意思決定することです。議題の3は山本専務の海外出張の報告を聴き、質疑応答で現地事情を共有することです」といったような発言で、会議参加者全員による「会議の目的」の再確認をしてから会議を始めると、効果的な会議になります。

しかし、もう一つ大切なことがあります。それは、この会議に参加する人の「自己目的」です。（自己目的にはすでに触れましたが、重要なので再度取りあげました）

誰しも、「自分自身は、何のために」参加するのか、という「自己目的」を明確にしなければ、出席してもやる気はでません。ただ開催通知に自分の名前が書いてあるから出席する、というのでは情けない……。

同じ会議に、課長と担当者の私の二名で出席する場合を例に考えてみましょう。

「会議主催者の目的」（相手の目的）を共有しつつも、課長には課長の自己目的があります。

担当者の私は、上司の後に附いて行くだけではダメ社員です。

私には、私の自己目的があるはずです。

この自己目的を自問自答し、明らかにして会議に出席すれば、会議に生き生きと参加できます。

同じ会議に出ていても、課長と私の「自己目的」は、違って当然です。立場が違い、人間が違うからです。

「3つの視点」で手段を捉える

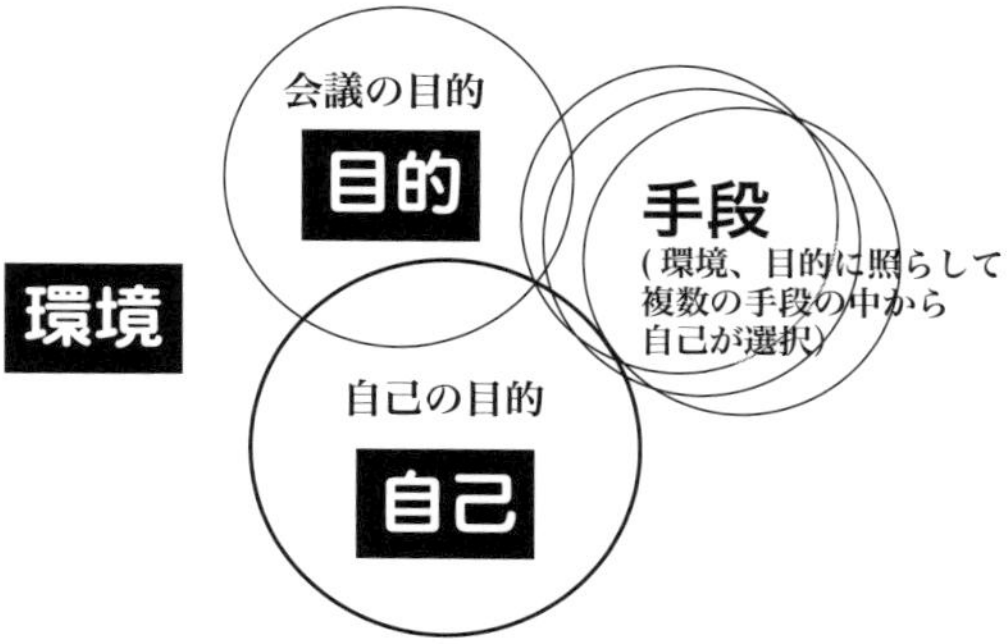

「自己目的」を意識することは、会議に限らず、どのような仕事の場合でも大切です。ただし、いくら自己目的が明確でも、相手の目的（例えば会議主催者の目的）と無関係では困ります。ベクトルが合っていなければなりません。

「相手の目的」を充足しながらも、同時に「自己目的」の充足も追求するのが、質の高い仕事のできる人です。「3つの視点」図の「目的」と「自己」の輪が重なっているところを注目してください。

(6) 二人の経営者の求めるもの

次に紹介しますのは、私がリクルート社の契約講師をしていたときの実例です。

これは、リクルートが企業のトップの人たちを招待して、幹部研修の新コースをご紹介したり、情報交換をしていただいたりするトップセミナーでのことです。

そのセミナーの参加者に、兵庫県・芦屋に本社のある有名な洋菓子屋A社の創業社長さんと、当時三色のきれいな紙パックで女の子に人気の高かった心斎橋筋の洋品店R社の若手の副社長さんがおられました。

このお二人の会話ですが、グループでの意見交換の中でこんな話がありました。R社の副社長さんから、「店長とか本店の部長とか、会社の幹部に目標を徹底するのに苦心している」というお話があったとき、A社の社長さんから、次のような発言がありました。

「われわれ経営者が、幹部社員に徹底しなければならないのは、目標よりもその背後にある理念とか、意義、あるいは目的といったものではないでしょうか。

目標というのは、達成すれば消えてなくなるものでしょう。また新たな目標を設定していかなければなりません。

それに対して目的は、なんでそれをやるのかという経営者の考え方のようなものですから、消えないものでしょう。幹部に対しては、目標より目的のようなものを徹底することが、より大切だと思って日頃やっているのですが……」

（A社は日本で有数の洋菓子店へと発展しています）

(7) 強盗集団の目的……目的を左右する「自己」

「目的」は、どこから来るのでしょうか？

天から降ってくるものでも、地から湧いてくるものでもありません。

「環境」を「自己」が認識して、「目的」を選択、あるいは設定します。環境認識は人さまざまです。どのように「環境」を認識しているのか、自己の認識力が問われています。「自己」が成長して、今まで見えていなかった「環境」が見えてくることもあります。

そして、環境が変われば、当初の目的の再選択が必要な場合もあります。

「環境」認識だけでなく、大事な留意点があります。「自己」のことです。

「目的」の選択とか、設定に際して忘れてはならないのは、「自己」が目的を左右しているということです。目的といっても、良い目的も悪い目的もあります。極端な例ですが、銀行を狙う強盗集団が、目的を明確にして共有化し、適切な手段・やり方をとって結果を出したとしても、言うまでもなく「〝質の高い〟仕事の進め方」ではありません。

どのような「自己」か、目的を決める「自己の在り方」が問われているのです。

目的を難しく考え過ぎないことも大切ですが、「何のために」と自問自答しさえすれば目的がわかる、と簡単に考え過ぎるのも問題です。それでは、あまりにも浅い理解になります。

強盗集団の譬《たと》えは異質過ぎる、ビジネスの世界とは違う、と軽く読まれた人もおられると思います。しかし、これは、世間を驚かした著名な大企業の不正会計の例(註)と本質に変わりはありません。近年表に出たのは、氷山の一角ではないでしょうか。

不正会計は、組織が、目的をもって選択した違法手段・やり方です。といっても、組織の責任にしてしまうことはできません。組織は個人の集まりです。個人個人の「自己の在り方」が問題です。正しい目的を、どのようにして設定し追求するか、これはビジネスパーソンの大きな課題です。上役任せ、というわけにはいかない問題です。

〔註：報道によると、（株）T社では、2015年春、全社的な不正会計が発覚。社内調査で、約7年間で2248億円の不正な利益水増しがあったと認定された。しかし、その後もグループ内で不正の発覚が続いている〕

(8)企業内の最上位目的は「経営理念」と「自己の志《こころざし》」

目的を組織の方向へ遡《さかのぼ》ると、「経営理念」に行き着く

私たちは手段の適否を判断する際、その手段の直接目的に照らして判断します。その直接目的には、その上の目的があります。上位目的です。

報告書(手段)をつくる。その報告書は、何のためにつくるのか。「臨時の営業会議の資料にするために」。これが直接目的です。では、部課長が出席する臨時の営業会議は、「会社にとっては、何のために開くのか」。「最近の市況の急変にどう対処するか、衆知をあつめるため」に開催する。それは、会社にとっては何のためか、……と次々に遡ることができます。目的と上位目的は鎖のように連なっています。「会社にとっては、なんのためか」と、ずっと遡ると行き着くところは、「経営理念」です。

経営理念とは、「我が社は、……を目指す。……のような企業になって社会のお役に立つ」ということを言葉で明確にしたものです。お役に立つから、存在できるのです。この企業理念が、組織の中での最上位の目的です。これは、手段の選択から遡れば、ということです。

本当は、経営理念があって、そこから下って日常の仕事の目的に至るわけです。

成文化した経営理念が無ければ、日常的に仕事の判断をする際の、判断基準の根本（源泉）が共有できないということになります。

企業の内外を広くとらえると、企業も一つの手段であり、その存在目的は企業外にあります。ドラッカーは、企業の目的は「顧客の創造」だと言っています。（p.53参照）

海外法人の責任者をしたY部長の体験談です

「（本社の指示も仰げない状況で）現地責任者として自己責任で、最終的決断を迫られたことがあった。その決断の最後の拠り所は『経営理念』しかなかった。経営理念を何度も読み返し、意味を考え、そして判断した」。

「日本にいたときには『経営理念が額にいれて掲示されているなあ……』という程度の意識だったが、海外で最終判断を迫られて、はじめて経営理念の価値がわかった」。

最後は経営理念に照らして、右にするか、左をとるか、判断したそうです。

イチロー選手の志

一方、上位目的を「このことは、自分にとっては、何のためにするのか……？」と、個人の方へ遡れば、最上位の目的は「自己の志」に至ります。

「自分は何になるのか、この人生で何を追求するのか」……という目指す先を「志」と定義します。そして、「何を大切にしてこの人生を生きていくのか、何を大事にして職業生活を全うするのか」という生きる指針・拠り所を「信念」と定義します。

志あるいは信念が、人間としての最終的な判断の拠りどころです。自分なりの志あるいは信念がないと、頼りない感じの生き方になります。

「ところで、あなたの志は？　信念は？」というのは厳しい問いですが、根無し草にならないためにも、自問自答の上で明らかにしておきたいものです。

アメリカの大リーグで活躍するイチロー選手は、小学6年生の時に書いた作文で「僕の一番大きな夢は、プロ野球の一流選手になることです。そして、お世話になった人に招待状を配って……」という趣旨を書いています。

作文の現物は愛知県豊山町の「イチロー展示ルーム」で見ることができるそうですが、私は父親の書かれた『息子イチロー』（鈴木宣之著　二見書房）で読みました。

作文では、志という言葉は使っていませんが、この夢こそが志です。イチローの小学6年生の時の志です。今なお（国からの表彰は辞退して）自分が納得するまで精進するのがイチロー選手の姿です。現在は、さらに高い志を内面に秘めていることでしょう。

志あるいは信念に裏打ちされてこそ、経営理念は真の力を発揮する

経営理念は、言わば「企業という法人の志」です。

企業は法人格を持っていますが、生身の人間ではありませんので、生きた人間が創出しなければ経営理念はできません。その生きた人間（経営者）の志あるいは信念は、どのようなものか……。このことが、経営理念が力をもつかどうかを左右する一番大きい要因です。

何を目指すのか、何を大切にしてこの人生を生きるのか、という自分自身の「志」あるいは「信念」を、経営者が内面にしっかりもっているかどうか。これが第一の問題です。次に（自分の志、あるいは信念という土台の上に）、自分が経営する企業の志を「明確な文章」にしているかどうか。これが第二の問題です。

経営理念と自己の志の統合

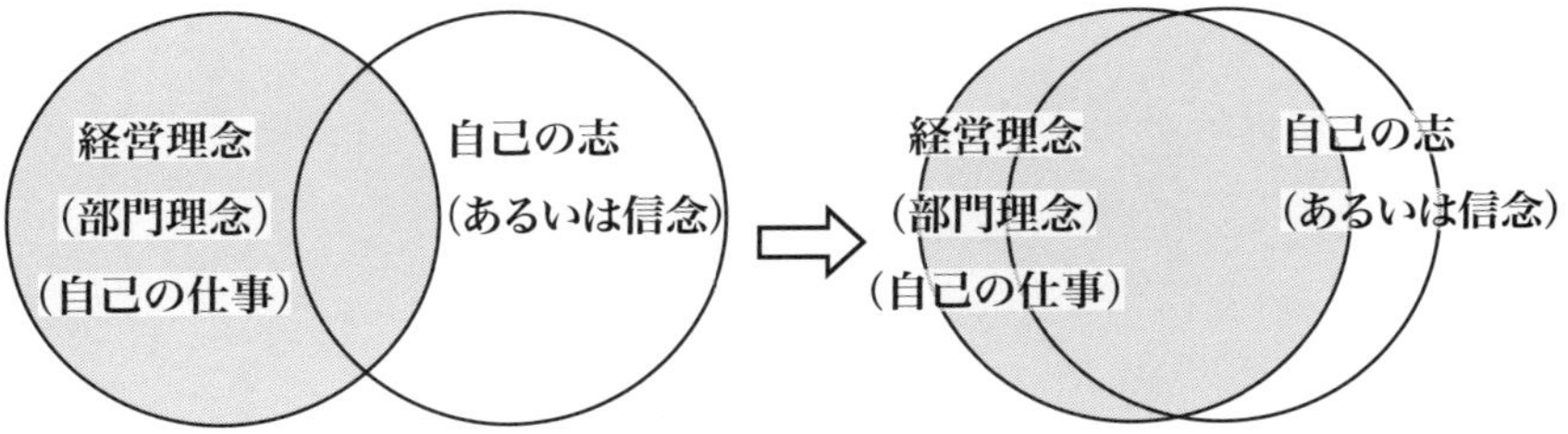

第一の問題を抜きにして、第二の問題である経営理念の文章づくりに注力するのは、地盤・基礎工事に意を用いずに、家を建てようとするようなものです。これでは、よい家はできません。たとえ経営理念が立派な文章になっていても、それは真の力を持たないでしょう。

経営者だけでありません。部門を任されている中間経営者（管理者）は自己の志あるいは信念で裏打ちした「部門経営理念」を明らかにしている。社員一人ひとりも自己の志あるいは信念で裏打ちして自分の仕事を明確にしている。このような組織が強い組織です。

容易なことではありませんが、そのような方向へ前進したいものです。

「経営理念」（部門経営理念、自分の仕事）と、「自己の志」あるいは「信念」の統合です。完全に重なり合うことは無理かもわかりませんが、両者の重なりを大きくしたいものです。念のためですが、自己を無にする滅私奉公ではありません。

どうしても、この両者の重なりが大きくならなければ属する組織を再考するか、独立自営するか、何らかの環境転換を図らないと、生き生きと働くことは難しいでしょう。

もちろん、心底納得している志あるいは信念を持つことは簡単ではありません。そして、現実に働いている企業に経営理念が成文化されているとは限りません。考え方として、こうありたいというのが、私の気持ちです。まず、経営理念の文章化を期待します。

「目的思考」まとめ

人は誰でも、仕事をする際、頭が手段（やり方）へ直行しがちです。

効率のよい「やり方」の模索は当然ですが〝できる人〟は、まず「何のために」という「目的」を明らかにして、次に「手段・やり方」を検討します。

目的に照らしてこそ、手段の適否が判断できるからです。

これが、「目的思考」です。いきなり手段・やり方を考えるのは「手段思考」です。

目的を明確にしてみると、よりよいやり方を求めるよりも、その仕事自体をしない方がよい場合もあるのです。

「〝質の高い〟仕事の進め方」をするために、「目的思考」を習慣化しましょう。

「目的思考」は、どのような仕事にも欠かせない重要な視点です。

「目標は、目的追求の手段なり」という名言を覚えておきましょう。

第二章

3つの深度

トリプルスリー　その2

情報の共有化には「3段階の深度」がある

深度1「事実」**↓深度2**「意味」**↓深度3**「感情」

第二章　3つの深度　トリプルスリー　その2

情報の共有化には「3段階の深度」がある

深度1「事実」➡深度2「意味」➡深度3「感情」

情報の共有化には、「3段階の深度」あり

仕事は一人ではできません。関係者との情報の共有化で進んでいきます。

顧客や仕入先など社外の関係者との連絡や相談、上司からの指示、上司への提案、上司への報告、同僚や部下・後輩との連絡など、すべての仕事は、情報の共有化（＝コミュニケーション＝意思疎通）で進んでいきます。

質の高い「情報の共有化」が、質の高い「仕事の進め方」の必須条件です。

「〝質の高い〟仕事の進め方」の氷山図

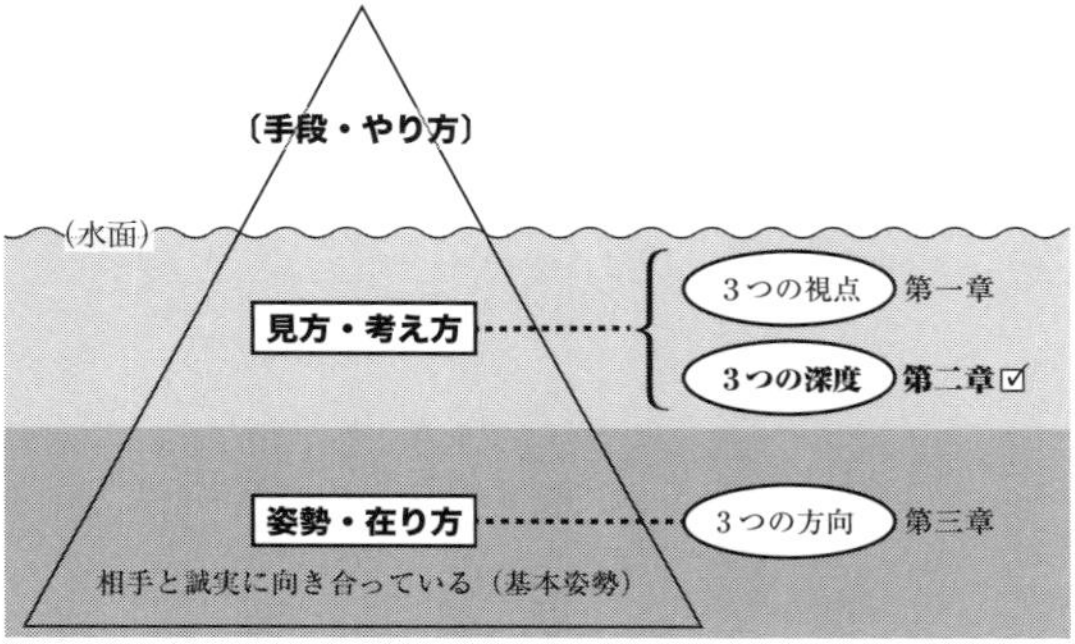

では、質の高い情報の共有化とは、どのようなことでしょうか。

私は、長年企業の内外を、「情報の共有化」という視点から、じっと目を凝《こ》らして観察してきました。その結果、「情報の共有化には『3段階の深度』がある」ことがわかってきました。

これを「3つの深度」と名付けました。「〝質の高い〟仕事の進め方」の重要な核心です。

読者の皆さまにもこの深度は見えるはずです。

「情報の共有化」という言葉は、日常、誰でも使っていますが、私たちが普段使っている「情報の共有化」は、文字・数字（データ）の共有化というニュアンスではないでしょうか。

データの共有化も不十分ならば、もっと確実なものへと進めていかなければなりません。

例えばですが、医療機関や原子力発電所などで、データの共有化に欠陥があった場合には、文字通り致命傷になりかねません。

しかし、データの共有化だけでよいのでしょうか。

伝わらなければならないのは、「文字や数字」だけではありません。伝えたいのは「意味」です。さらに、「気持ち」も通じたいものです。

質の高い仕事をしている人は、情報の共有化を深めることを心がけながら仕事を進めています。

上司が部下へ指示しても、指示の意図が正しく伝わっているとは限りません。まず、文字・数字が確実に伝わっていなければ、質の高い仕事にはなりません。言葉は伝わっていても、意味が伝わっていない場合もあります。部下の報告も、正確に上司へ伝わっているとは限りません。

情報の共有化の「3つの深度」

深度1	事実情報の共有化	知っている	聞く
深度2	意味(目的)の共有化	わかっている	訊く
深度3	考え方の波長の共有化	思いの共有化（共感、感動）	聴く

第一節　【深度1】「事実情報の共有化」（知っている）

情報の共有化の

☑ 深度1　事実情報の共有化（知っている）

深度2　意味（目的）の共有化（わかっている）

深度3　考え方の波長の共有化（感情、思いの共有化）

（1）「情報の共有化」の第一の効能は、助け合えること

出張から3日目に帰社した営業マンの武田君は、机の上にメモ用紙を発見。「N社の山口さんから電話がありました」という内容です。電話は2日前です。

「しまった……。なぜ、連絡してくれなかったのか！」といってみても手後れです。

「N社とは、やっと初受注のきっかけがつかめた。山口さんはそのキーマンなのだ」、という情報を周りの人たちと共有していれば、頼まなくても携帯に連絡がもらえたでしょう。

A「(孤立して) 自力だけでやり遂げようとする」のか

B「自分の仕事の状況を周りにも知ってもらいながら、周りの人たちの状況も知りながら、仕事を進める」のか

このA、Bの違いが個人と組織の成果に大きく影響します。仕事には自立した個人が求められますが、自立が、孤立になり、タコツボに入っては、成果はあがりません。

「自立」が終点ではありません。関係者が互いに助け合う「互恵《ごけい》」へ、さらには「支援」へと進みたいものです。情報の共有化を深めていくと、自立した個人同士の互恵がすすみ、シナジー（相乗）効果がでてきます。

「情報の共有化」の第一の効能は、お互いに助け合えることです。

(2) 重要顧客を失った田中さんの電話

田中恵子さんは、学生時代からのアルバイト先である人材派遣会社にそのまま就職しました。仕事はアルバイト時代と同じ派遣の受付手配です。

その頃のある日、電話がありました。

「G社の山田ですが、いつもの説明会です。マイクを2名、アシスタント1名、受付2名、頼みます。開催日は、少し急ですが、5日後の7月1日。9時から5時までです」

「はい、毎度ありがとうございます。では、手配しておきます」

7月1日、田中さんが出勤してまもなく、電話が鳴りました。

「はい、おはようございます。（株）〇〇の田中でございます」

「どうなってるの！　4人しか来てないが……。5人頼んでたのに」

「えっ」

「4人では困る……」

「………」（しまった。どうしよう……）

あとは、しどろもどろです。上司が代わってくださり、平謝りです（田中さんが、電話を受けた際に、確認すれば起こらなかったミスです）。

上得意であるG社は、次からはライバルのR社へ契約を切り替えました。

「情報の共有化」の〔深度1〕・「事実情報の共有化」ができていなかった実例です。

毎度のことなので、G社からの注文書は事後にメールで届くことがよくあり、今回も未だ届いていませんでした。田中さんは、電話を受けたあと、なにか一抹の不安を感じていましたが、「たぶん、大丈夫だろう」と思っているうちに当日になったのです。

田中さんは、その頃はまだ、自分のやっている〝仕事の重み〟がわかっていませんでした。とにかく、確かめなかった。重要顧客を失うという、会社にとって大変なことになりました。上司からは厳しく叱られました。社会人になって最初の痛い体験です。

「7月1日、マイクを2名、アシスタント1名、受付2名」というのが「事実情報」です。田中さんと、山田さんとの間で、事実情報が共有されていなかったのです。

〔深度1〕の「事実情報の共有化」を確実にするためには、「確認」を怠ってはなりません。確認は基本通り実行しましょう。

①電話を受けるときは、メモをとる。

②電話を受け終わったら復唱する。

③その電話のなかで、「注文書」の発信を急いでくださるようお願いする。

④不安を感じたら、躊躇《ちゅうちょ》せず確認メールを送り、返信で確認する。

(立場をG社の山田さんに一転してみますと、山田さんとしても、自分の職責を果たすためには、自分の方からの確認が必要です)

仕事を進めるには、伝えたい「内容が正確に表現」されていること、そして「確実に伝達」することが求められます。

(3) 発信は、連絡ではない

資材課の山下君は、昼過ぎに課長から呼び止められました。

「山下君、今朝ほど頼んだ、Xの不具合の件は、工場の大山課長へ連絡したか?」

「課長、ちゃんとメールを送っておきました」

「まだ、何にも、言ってこないが……」

――さらに1時間後――

「課長、工場へ電話しましたら、大山課長は出張中です」

「何だって、いまごろ! 不在なら、徳山係長か、津田部長に連絡しろ!」

①連絡とは、伝えたい「内容」と「意味」が相手に〝届く〟ことです

「メールを送っておきました」
「手紙を出しました」(ポストへ投函しました)
「不在でしたので、伝言を頼んでおきました」
これらは、いずれも「発信」です。連絡したことにはなりません。

発信≠連絡です。伝えたい「内容」と「その意味」が、「相手に届いてこそ」連絡です。

②重要な連絡には、受信確認が必要

・メールの末尾に、たとえば「この件についての、返信をお待ちしております」と、返信を求める趣旨の一文を書き込んでおくのは、一つの方法です。ただし、この方法では、返信という相手の行動を待つわけですから、返事が無い場合もありえますし、返信が遅いと不安です。

・結局、電話との併用が一番現実的な方法です。もしそれが重要・緊急な内容であれば、メールの発信後に、しばらくしてから、内容を了解していただいたかどうか「確認の電話」をするのがよいでしょう。

「今朝ほど、メールを一件送りましたが、ご覧いただきましたでしょうか……」

・逆に、先に電話で用件が済んだ場合でも、内容によっては、日時、場所、数量とかを後でメール送信しておきましょう。記録に残りますし、相手が確認でき易いような処置をとっておけば万全です。

第二節　【深度２】「意味（目的）の共有化」（わかっている）

情報の共有化の
　深度１　事実情報の共有化　（知っている）
☑　**深度２　意味（目的）の共有化**　（わかっている）
　深度３　考え方の波長の共有化　（感情、思いの共有化）

（１）経営理念は、成文化しないと共有化できません

前節で述べましたが、仕事の進め方として、まず必要なのは深度１の「事実情報の共有化」です。例えば、経営理念を全社員が知っていますか？　自分の目標だけでなく、部門目標、全社目標も知っていていますか？　顧客情報、品質や原価のデータ、各種マニュアルなど共有化が期待されるものは多数あります。

中堅企業では、経営理念を文書化している企業は少ないようです。

理念はあるのです。創業者の相談役にお会いしますと、創業時の苦労話とあわせて熱き思いが語られます。どういう思いで創業したのか。倒産しかかったとき、どのようにして切り抜けてきたか、……などです。

「今日まで、こういう企業になろうとして、……を大切にして経営してきました」

経営理念という言葉は使っておられないが、立派な理念があって今日まで発展してきたのです。しかし、これを成文化しておかないと、従業員全員にも、これから先の経営を引き継ぐ人にも、この「思い」は伝えようがありません。

まず経営者の「思い」を、文字・数字にして顕在化し、周知する必要があります。これが、情報の共有化の第一段階である「事実情報の共有化」です。でも、ここで留まっていては、仕事の進め方の質を高めることはできません。

(もし、現在、自社に文章化した経営理念がなければ、部門のビジョンとか方針を確認しましょう)

経営理念、行動指針の文書を知っているだけ……

中小企業と違って、ほとんどの大企業には、文書にした「経営理念」があります。企業によっては、経営理念を具体化した行動指針も定めています。

しかし、この経営理念の文章は、「知っている」「暗記している」だけではダメなのです。経営理念の「文章を知っている」ということは、深度１「事実情報の共有化」のレベルです。共有化を深度２へ深めて、文章の「意味」をみんなが「わかっている」ことが肝心です。（註「経営理念」と「企業理念」を別のものとする考えもありますが、ここでは同一のものとして記述しています）

時として、著名な大企業で社会常識とかけ離れた不祥事が起こります。その企業には立派な経営理念があり、社員手帳にも明記されています。「知ってはいた」が、「わかっていなかった」、さらに、「わかっていても、実行していなかった」としか言いようがありません。

情報の共有化の「３つの深度」

深度１	事実情報の共有化	知っている	聞く
深度２	意味（目的）の共有化	わかっている	訊く
深度３	考え方の波長の共有化	思いの共有化（共感、感動）	聴く

（2）「目標は、目的追求の手段なり」――目的の共有化が大切です

みんなが部門目標の数字を知っているといっても、その数値をどのように理解し、受け止めているかとなると、意味付けはさまざまです。

前期の20％アップの目標を、「どうせできない努力目標だ」という人もいます。「今までのやり方を変えてでも、必死に取り組まなければならない目標だ」と受け止める人もいます。目標を知っていても、評論家的な姿勢でみているのでは共有化の効果はありません。自分のこととして真剣に受け止めれば、共有化は価値があります。

伝わらなければならないのは、経営計画の数字やメールの文字ではないのです。意味を共有することが肝心です。たとえば、「何のために」この数字にしたのか、という「目的」を明らかにすれば、数字の意味がわかります。目的がわからない場合には、上司に尋ねてでも知っておきたいものです。

ただし、訊き方には工夫が要ります。「目的は何ですか？」、ではまずいのです。できれば、「この件の目的は、『……するため』でしょうか？」と、自分なりの考えを述べる尋ね方をしましょう。

目標〝数字〟の共有化にとどまらず、その目的を知って〝意味〟を共有することが重要です。

上司の立場にある人に期待したいのは、「経営理念」と「自部門の理念」を明確にし、共有化する機会をつくることです。その目的を、部下と一緒に話し合って「理念の意味」を深く理解し、共有化するミーティングを最低でも年に一度はして欲しいものです。

(3)「昭和23年12月28日」の意味は?

意味がわかるということには、その事柄の情報(事実情報)にとどまらず、その事実情報の置かれている全体状況、目的、背景、経緯、上位者の方針などの「位置づけ情報」が必要です。

同じものでも前提(位置づけ情報)が違えば意味は異なります。

広島の食品会社の技術研究会で「〝質の高い〟仕事の進め方」の講演をしたときのことです。社長、技術本部長以下、技術者が大勢出席されていました。

講演のなかで、私は「昭和9年12月28日」と発言しましたが、何の反応もありません。

つづいて、「昭和23年12月28日」と言いましたら、今度は、ざわざわと反応があったのです。

隣の人とうなずき合っている人もいました。

「昭和23年12月28日」は、その会社の「創業記念日」です。

社外の人には何の意味もありませんが、社員の方には重要な日です。

一方「昭和9年12月28日」は、私の誕生日です。その会社の社員にとっては意味がありませんが、私には大切な日です。数字という「事実情報」には、意味がないといってもいいでしょう。

背景という「位置づけ情報」が数字に意味をつけるのです。

このことから、たとえば目標管理といっても、目標数字だけを話し合うのではなく全体状況を十分話し合い、いったい「何のために」という目的を共有化する、この労力を惜しんではならないことに気づきます。

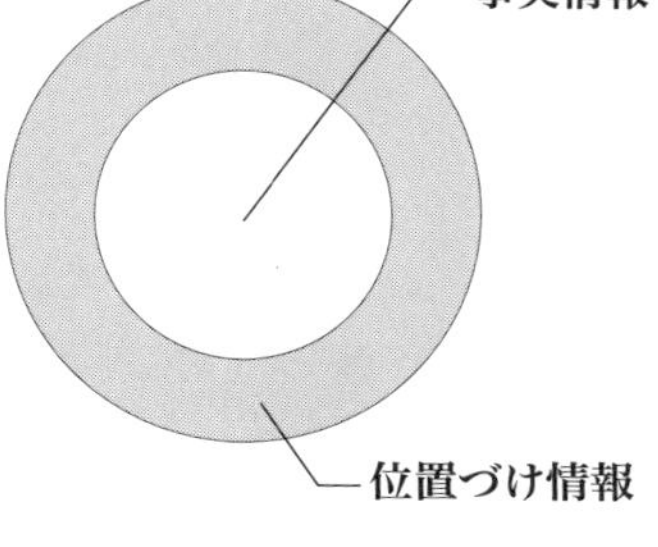

（4）士業の仕事は、枝葉より森を教えよう
（行政書士　横須賀てるひさ氏の言葉）

〈引用文〉

〈実務の仕事を指導するときに気をつけたいのが、教え方です。

私の資格の行政書士なら、申請書類は1カ所でも不備があると受理されません。そのため、細かい箇所の指導が不可欠です。そうすると、どうしてもスタッフの細かいミスをいちいち指摘して、注意することに意識の大部分が向いてしまうのですが、それよりも先に、業務の全体像を教えることがより重要なのです。

例えば、私の事務所では会社設立の手続きを主に扱っています。新しいスタッフにこの仕事を指導する場合、細かい定款の記載方法やその他の書類の記載方法を教える前に、まずはそもそもの「会社」の仕組みについて解説します。

「会社には株式会社や有限会社、合同会社などいくつもの種類があって、法務局に登記することによって法人として成立する。その前段階として、公証役場や法務局に行き、これこれの手続きをする必要がある……」といった感じです。

こうして先に全体像を教えておかないと、細かい部分を指導するときに、「今、何のためにこの書類をつくっているのか」がわからなくなります。この基本の部分がわかっていないと、応用も利きません。

例えば、定款の作成が完了したら、公証役場に認証を受けに行くわけですが、その全体像を教えていなかった場合、スタッフには定款の作成が終了した時点で仕事が終わるように見えてしまうのです。

会社設立手続きの内容を全体的に知っている人にとっては、定款作成の次のステップが「公証役場で認証を受けること」だというのは、当たり前すぎて、むしろ意識しないとそれを指導するのを忘れてしまいがちです。しかし、全体像が見えていない人にとっては、「公証役場に電話をして、予約をとる」というところまで気が回るわけがありません。ですから、こちらが教えない限りは、定款をつくったところで仕事が終了になってしまうのです。

そして、それを見た所長が「定款の作成は終わったのか？」と聞くと、「はい、終わりました」と返事が返ってきます。次に「公証役場には連絡したの？」と聞くと、「まだ連絡していません」となります。

全体像がわかっていれば、「次は公証役場に連絡する、ということでよいでしょうか？」

と進んで聞いてくれることもありえるのですが、教えていないと「気が回らない人」に見えてしまうのです。

ここで「なんで公証役場に連絡しないんだ！」と叱っても、スタッフはなぜ叱られているのかがわかりません。それは全体像を教えられていないからで、スタッフに責任があるわけではなく、むしろそれを教えていない所長に責任があるのです。

まずは仕事の全体像を伝えてから、細かい手続きを教えていく。この順番を、間違えないようにしてください。〉

（出典『もう、資格だけでは食べていけない』横須賀てるひさ著　すばる舎）

全体像を教えることで、やっていることの位置づけがわかり、指示する上司と指示を受ける部下の間で、意味の共有化（深度2）ができます。

第三節 【深度３】「考え方の波長の共有化」（思いを共に）

情報の共有化の

深度１　事実情報の共有化　（知っている）

深度２　意味（目的）の共有化　（わかっている）

☑ 深度３　考え方の波長の共有化　（感情、思いの共有化）

（１）考え方の波長の共有化　――「思いの共有化、共感、感動」

手紙、電話、ＦＡＸ、パソコン・メール、スマホへと連絡手段は進歩しました。国境を越えて、瞬時に受発信ができ、膨大な情報を蓄積・検索できるインターネットによって、仕事の手段は革新しました。しかし、手段の高度化だけでは人間の営みはうまくいきません。〝心〟が情報の共有化を深めます。情報の「情」という字の偏「忄」は、「心」の字を立てて偏にしたものです。情報には、心がこもっています。

そして、情報の共有化の深化が個人レベルにとどまらず、「組織全体が情報の共有化を深める」方向に向かうとき、その組織では人が育ち、業績があがります。

その共有化は、深めていくことが大切です。情報の共有化が、深度1から深度2へ深まるのは、論理の世界といえます。

ワケ（理屈）がわかるのです。

しかし、「理屈はあなたのおっしゃる通りだが、賛成はできない」、「あなたの言うことに反論できないが、一緒にやりたくない」というような世界があります。

感性の世界です。人間は感情の動物です。

考え方の波長が違えば、波は打ち消し合ってさざ波も立たないでしょう。

波長が合えば波はうねりになります。組織がうねってきます。そして心が揃い、マンパワーがさらに高まるのです。楽しいし成果が上がります。

このようなことは、きっと、読者の皆さまも経験されたことがあるでしょう。

では、どうすれば「考え方の波長が共有化」されるのでしょうか。

近頃は、隣の人、向かい合って座っている人とも会話をせずに、メールで済ます人がいます。しかし、メールの文字だけでは情報の共有化を深めることはできません。手書きの手紙・

ハガキとか、音声での連絡とかが大切です。感性に訴えて心を伝えるためには、デジタルよりもアナログの方がよいのです。

そして、最後は、対面して（熱き）「思い」を直接語りかけ、対話する以外に方法はありません。私たちが、本当に伝えたいのは「思い」です。コンピュータにはできないことです。

「考え方の波長の共有化」とは、〝思い〟の共有化です。経営幹部・中堅幹部の方々にも、ベテラン社員にも、若手社員、派遣社員にも、すべての人に必要です。「思い」の共有化は、仕事の場だけでなく、地域社会でも、家庭でも必要です。

「事実情報」（文字、数字）から、その**「意味」**さらには**「思い」**に至るまで共有しようとすれば、「事実情報」に目的とか背景とかの「位置づけ情報」を加え、さらに自分の価値観、熱意、誠意ある態度、人格、……といったものが影響を及ぼし相手に感受される。ここに至って、はじめてその「思い」は深く共有されるのではないでしょうか。

(2) 事例「カルテを早く！」

診療科目が複数あるかなり大規模な病院でのことです。

毎朝、受付係が各診療科にカルテを回すときのことです。同じように各科にカルテを回しても内科だけは、いつも「まだ？　はやく！」と急《せ》かすのです。少しでも遅れようものなら、看護師長から強く叱られます。

ある日、またカルテを回すのが遅くなったので、受付係のA子さんは看護師長のところに謝りに行きました。

そのとき、A子さんは思い切って尋ねてみました。

「どうして内科だけいつもカルテを急ぐのですか？　ほかの診療科からはそんなにきつく言われることはないのに……」

すると、看護師長はA子さんにこう答えました。

「うちは糖尿病の患者さんが多い。糖尿病の患者さんは、食事をせずに診察、検査にこられる。だから、少しでも遅くなると、すぐイライラされる。そんな患者さんのためにも、カルテを早く持ってきてほしい」

急ぐには、急ぐなりの理由があったのです。

「そういうワケだったのか……」

背景がわかったA子さんは、受付係のミーティングでこのことを報告しました。他の受付係も、なぜ内科が急かすのかが理解できたので、これからは気をつけようという共通認識が生まれました。

内科へは、「カルテを早く持ってきて……」ということだけが伝わっていた場合（深度1）よりも、随分いい状況になってきました。

これが、背景や目的によって「意味の共有化」（深度2）が実現できた事例です。

これまでに、内科のほうでもただ急かすだけでなく、その事情をあらかじめ受付係に連絡しておいて欲しかったですね。

（3）「カルテを早く！」パート2 ――【深度3】まで深めましょう

ところで、この「内科には食事抜きで診察、検査に来られる糖尿病患者が多いので、カルテを早く回してほしい」という連絡を受付係にするとき、どういう方法があるでしょうか？メールで伝える、文書で回す、院内連絡会議で知らせるなど、いろいろな方法が考えられます。

このとき、同じ事情や目的の説明といっても、ただメールを発信しただけで、相手にこちらが思っているように動いてもらうのは、難しいでしょう。

「また内科が勝手なことを言ってきている」程度にしか思われないかもしれませんから……。

これに対し、内科の看護師長が自ら受付係のミーティングに出向き、対面しての直接対話で訴えたらどうでしょう。受付係の納得する度合いは、大幅に上がるはずです。

直接みんなに会って口頭で訴え、質疑応答も交わしてこそ、自分の「気持ち」が伝わるのです。表情とか、声の大きさとか、雰囲気など、対面してこそ伝えることのできる情報は多いのです。

これが「意味の共有化」から「気持ちの共有化」へと情報の共有化の深度を深めるということです。直接対話での全身から発する〝心〟が共感・感動を生むのです。

そして、上下左右、関係者が、お互いに共感できると、楽しいし成果が上がります。

しかし、直接対話をしたくても、どうしてもメールか文章で回すしかない場合には、必要事項（深度１）と、その意味（深度２）を伝えるという意識だけではなく、状況によっては、「気持ち（深度３）を伝えたい」という意識を強くもって、文面を工夫しましょう。自分の気持ちを、率直に書くのもよいでしょう。

〝できる人〟は、情報の共有化といっても〝思い〟を共にするレベルを目指しています。

（4）25日頃には引き渡せるように頑張ろう！

F工務店では、原因はさまざまですが、工期遅れが何件か続きお客さまから苦情が出ました。なかには、たいした問題も無いのに、工期が少し遅れるようなこともありました。

当然、社内でも問題になり、工期厳守の社長通達が出されましたが、効果がありません。

その折、社長指示で、品質管理課の鈴木係長が、「〝質の高い〟仕事の進め方」の研修を受けました。研修で学んできた鈴木係長の提案で、工期のずれが絶対に許されないなら、「その事情をみんなで共有化する」ことを申し合わせました。

社長は、工期遅れの原因について、人的要因の重要さを直感していました。だから鈴木係長に研修の受講を指示し、彼の提案を即取り上げたのです。

その申し合わせによって、たとえば、「このM邸の工期は3月31日だが、『Mさんは仮住まいの契約を、3月末までしかしておられないのだ』」という背景を共有化するようになったのです。

そういう事情がわかれば、3月31日は絶対に遅らせることはできないことがわかります。

以後、重要な工期遅れは無くなりました。

さらには、「3月31日に引き渡したのでは、引っ越しにお困りだろう。みんなで力をあわせて、25日頃には引き渡せるように頑張ろう！」、というところまでチームワークが盛りあがったのでした。

つまり、情報の共有化が、【深度2】の「意味の共有化」から、【深度3】の「考え方の波長の共有化」へと深まったのです。

(5)「今度から営業会議に私も出席させて……」

C社の研修を名古屋でおこなったときのことです。

組織の活性化を目的とした、課ぐるみの一泊二日の研修でした。名古屋支店の営業一課と二課、それに金沢営業所からも全員が参加されていました。

金沢からは、所長以下男性が5名と、内勤の事務の女性1名が参加されました。

研修は、課の「強みと弱み」の現状把握からはじまり、その原因探しへと進みました。そして、「どんな課にしたいか」という目標づくりへ移りました。

2日目に入り、そのために、みんなでどのようなことをするのか、という具体策づくりに取り組みました。その頃には、雰囲気は、熱気を感じるぐらいに、盛り上がってきました。

最後に、みんなで感想を述べ合ったのですが、金沢営業所の女性（A子さん）の発言と、所長の言葉が印象的でした。

「夜遅くまで営業所のことを話し合って疲れたけれど、気持ちはとってもすがすがしいです。入社して2年目ですが、営業の人たちが日々どんな苦労をしているのか、はじめて具体的によくわかりました。所長さんの悩みも知ったし、事務を執りながら、電話でどんな応対をしたらいいのか、わかりました」

「ありがとう。参加を嫌がっていたので、私も気になっていたんだ。よかった」

「今度から、月曜夜の営業会議に、私も出させてください」

「ほんと！　来期の目標、なんとかなりそうな気がしてきたよ」

(所長さんの笑顔が忘れられません)

気の利いた仕事

A子さんは、ビジネスマナーも電話の応対も確実にできていたと思います。

しかし、営業のみんなが、どんなことをしているのか、何を考えているのか、あのお客様とはどんな問題が起こっているのか、所長は何を目指しているのか、それらがわかった今、お客様との対応に深みがでてきました。

また、月曜日の夜の営業会議も、全員参加で情報の共有化は一段と深まったことでしょう。「考え方の波長の共有化」です。思いを共にでき、心が揃ってきたのです。

指示命令で、A子さんを営業会議に出席させることは、可能です。しかし、その場合、身体は動いても、心までは動かなかったと思います。

(6)「送り手と受け手の共振を起こす」(花王の元社長常盤《ときわ》文克氏)

人は誰でも、自分の「関心領域」のなかにある事象は意識にのぼります。関心がないと「見れども見えず・聞けども聞こえず」です。ですから、自分の関心領域の限界と偏りを知ることが大切です。上司も部下も普段から相手の関心領域に注意を払い、また、自分の関心のあるところを相手に知らしめておくことが必要です。

次に、花王の元社長常盤文克氏の「送り手と受け手の共振を起こす」という一文を紹介します。「受信者による意味づけ」を考える際に、参考になる情報です。

〈引用文〉

〈『波長が合う』という言葉がある。

かつて研究所の長をしていたときのことである。各研究室の室長を10人ばかり集めて定期的にミーティングを開いていた。しかし、そこで話したことが組織全体に伝わっていないのではないかと感じることがしばしばあった。

私の話し方が悪かったのか、あるいは室長の研究員への伝え方に問題があったのか。そこで、あるときミーティングのあとで、それぞれの室長に私の話を記録したメモを提出してもらった。はたして、人により話の受け取り方や解釈が驚くほどバラバラであった。一人ひとりの室長は、自分の関心のあることしか聞いていなかった。聞いていても、話が頭の中に入っていなかったのである。逆に、メモをよく読むと、各自がいま、どのようなことに関心を持っているのか、手に取るように見えてきたのである。

このことから私は、問題はだれそれの話し方や聞き方のよし悪しではなく、そもそも情報とは、受け手に関心のあることしか伝わらないと思うようになった。同じことを話しても、伝わり方は人の数だけ違うのである。

この伝わる、伝わらないを分けるものは何だろうか。

私は、人の送り出す情報には、それぞれ独自の「波長」があるのではないか、と考えている。

受け手とはラジオやトランシーバーのようなものであり、自分に合った波長しか受信できない。発信した情報の波長と、受信する側の波長とが共振したときにのみ情報は伝わる。『情報の共有』と称して、いくら情報を発信しても、その背後に『価値観の共有』がなければ（受信機の周波数が合わなければ）、情報は受け手のなかで共振しない。つまり、伝わらないのである。情報は受け手のなかで共振し、それが〝体化〟したとき、はじめてその人の知となるのである。そして、ほとんどの情報は、共振を起こすことなく、たんに情報として受け手の頭を通り過ぎてしまう。

『波長が合う、合わない』とは、きわめて人間臭い言葉であるが、その背後にある価値観の共有、あるいは〝気〟〝愛〟〝志〟そして信頼の〝信〟などの有無こそ知の伝達に決定的な影響を与えるのではないだろうか。

知が共振するときは、そこにつねに人の温もりがあるのである。〉

（出典『「質」の経営論』常盤文克著　ダイヤモンド社）

＊＊＊＊＊＊＊＊＊＊＊＊＊＊＊＊＊＊＊＊

「手を打てば　下女は茶を汲み　鳥は立つ　鯉は寄り来る　猿沢の池」

という古歌があります。

場面は、猿沢の池の茶屋でしょう。手を打つと、女中はお茶を持ってくる。鳥は驚いて飛び立ち、鯉は餌をくれる合図だと思って寄ってくる。三者三様の反応です。

手を打った音が、何を意味しているのか。受け手は、それぞれが異なった意味づけをしています。

「3つの深度」まとめ

仕事は関係者との情報のやり取り（情報の共有化）で進みますが、共有化には「3段階の深度」があります。

①「深度1」（事実）「事実情報の共有化」
②「深度2」（意味）「意味（目的）の共有化」
③「深度3」（感情）「考え方の波長の共有化」

普段、電話やメールなどでやり取りしている「言葉や数字」は、「事実情報」です。

仕事を進めるためには、伝えたい内容（事実）が正確に表現されていること、そして確実に伝達することが求められます。しかし、伝えなければならないのは、言葉や数字だけではありません。

情報の共有化の「３つの深度」

深度１	事実情報の共有化	知っている	聞く
深度２	意味(目的)の共有化	わかっている	訊く
深度３	考え方の波長の共有化	思いの共有化（共感、感動）	聴く

言葉や数字の「意味」が伝わり、さらには「思い」(感情)を共にしたいものです。「意味の共有化」、「思いの共有化」が仕事の質を高めます。

「深度1」(事実情報の共有化)……とは、例えば、わが社の今期の売上目標の数字を全社員が知っていることです。

「深度2」(意味の共有化)……は、例えば今期の目標は、なぜ前期より20%も高いのか、関係者が目標を意味づける目的や背景事情をわかっていて、「意味」が共有されていることです。

「深度3」(考え方の波長の共有化)……とは「意味」がわかっているだけでなく、社員全員が「思いを共に」にして目標達成に取り組んでいる状況です。

「人は誰でも理解欲求を持っています」。そして「感情の動物です」。ワケを知りたいのです。ワケがわかり、思いが通じれば体は動きます。

単なる共有化ではなく、情報の共有化を「深める」ことが肝心です。

組織全体で情報の共有化が深まってきますと、お互いの意図する「意味」と「思い」が伝わり、いたるところで気の利いた自発的な働きが出るようになります。また、助け合いが生まれます。互恵です。

第三章

3つの方向

トリプルスリー　その3

仕事への取り組み姿勢には、「3つの方向」がある

①向き合っているか

②寄り添っているか

③向き合っていない

第三章　3つの方向　トリプルスリー　その3

①相手と誠実に向き合っているか
②相手に誠実に寄り添っているか（※必要な場合）
③相手と誠実に向き合っていない（※このようなことはないか）

第一章、第二章では、私「が」、仕事の進め方の〝質〟を高める秘訣として、「3つの視点」と「3つの深度」について述べました。

第三章は、第一、第二章とは違います。読んで、新知識や技術を得る章ではありません。

私「が」ではなく、私「を」です。

読者の皆さまと共に、自己「を」見つめます。自己の「振り返り」です。

〝質の高い〟仕事の進め方の基盤がテーマです。

「〝質の高い〟仕事の進め方」の氷山図

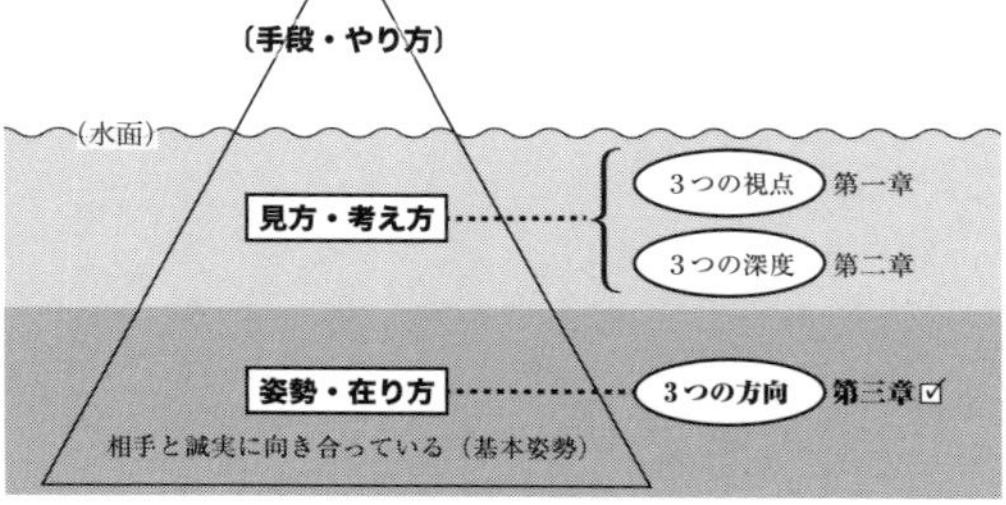

第一節「3つの方向①」相手と誠実に向き合っているか（基本姿勢）

☑
①相手と誠実に向き合っているか
②相手に誠実に寄り添っているか（※必要な場合）
③相手と誠実に向き合っていない（※このようなことはないか）

(1) 自己の「在り方」に関心を持つ

仕事は、社内外の関係者とのコミュニケーションつまり「情報の共有化」で進んでいきますが、その「情報の共有化」の「芯」は、何でしょうか……。

芯は、「関心」です。事実を見る、事実を捉える、と言っても、人はまわりの事実全部を捉えることはできません。

障壁があったり、遠距離だったりで、把握できない事実もあります。そうでない環境にあっても人は無意識に「選択的」に物事を捉えているのです。

心理学者はこれを「選択的注意」（別名「カクテルパーティー効果」）と名付けています。雑踏する騒がしいパーティーの中にいても、誰かが話している自分の名前は、小声であっても耳に入るものです。

新聞を読んでいても、関心のある分野の記事は、記事（情報）のほうから私たちの目に飛び込んできます。関心のないことはかなり大きな見出しでも目にはとまりません。

つまり、私たちは、関心のあることを選択して見聞きしているのです。

「関心」は、磁石のように、必要な「情報」を吸い寄せる。
「関心」は、磁石のように、必要な「人」を呼び寄せる。
「関心」の強さと、持続は、「創造」へつながる。

自己の「仕事への取り組み姿勢」（在り方）について関心を持っていることが大切です。関心を持っていれば、ときには思いがけないヒントがつかめたりします。

この本には、多数の事例を載せています。これらは、私が長年「〝質の高い〟仕事の進め方は？」という「磁石」を持ち続けていたから、吸い寄せられた事例です。

(2) 松下幸之助さんの講演で、稲盛さんがつかまれたヒント

「まず思う」(引用文)

〈昭和四十年ごろ、私は松下幸之助さんの「ダム式経営」について講演を聴く機会がありました。ダムをつくってそこに常に一定の水が貯えられるような、余裕のある経営をやるべきだということを話されました。

するとひとりの人が、「私もダム式経営に感銘を受ける。しかし、今余裕がないのを、どうすればいいのか、それを教えてほしい」と質問をしました。

松下さんは、「そんな方法は私も知りませんのや。知りませんけれども、余裕がなけりゃいかんと思わないけませんな」と答えられました。

そうすると、「全然解答になっていない」とみんなが失笑するのです。

しかし、私は強烈な印象を受けたのです。

つまり、松下さんは、「まず思わなかったら、そうはならない」ということを言われたのです。理想に対して、「そうは思うが、現実には難しい」という気持ちが心の中にあっては、ものごとの成就が妨げられると言われたのです。

人は自分が信じてもいないことに、努力できるはずがありません。

強烈な願望を描き、心からその実現を信じることが、困難な状況を打開し、ものごとを成就させるのです。〉

（出典『心を高める、経営を伸ばす』稲盛和夫著　ＰＨＰ研究所）


会場内の人達が聞かれた松下さんの講演は、全く同じ内容です。咳払いまで同じですが、「松下さんならできようが、ウチらみたいな中小企業では無理や。お話は結構だが、現実は厳しいで……」、これが多いと思います。

「どうやって、余裕を持つのか？」と、誰でも、「やり方」を求めます。

ただ一人稲盛さんだけは「『まず思わなかったら、そうはならない』、ということを言われたのです」と、強く、深く、受け止められました。

講演を聞いた大多数の人たちは、何も得ていません。そのなかで、稲盛さんは「まず思う」という貴重な「ヒント」をつかまれたのです。

不遜な想像かもしれませんが、仮に松下さんが生き返ってこられて稲盛さんと会話を交わされたとします。

稲盛さん「『まず思う』というお話は、貴重なヒントになりました。ありがとうございます」
松下さん「私は、ダム式経営の話はしましたが、『まず思う』というような話はしてまへんで……」

という場面がイメージできます。名優二人の舞台を見ているような気がしますね。
これが、私のいう「ヒント」です。受信者が自分でつかむものです。
この例は、稲盛さんが日頃から「自己の在り方」に深い関心を持っておられたからつかめたヒントだと思います。（ご著書『生き方』『働き方』『考え方』などの書名を見ただけでも、自己の在り方にご関心の深いことが推察できます）
また、講演を聴く姿勢が、「相手と誠実に向き合っている」という基本姿勢であることを示している例でもあります。「相手と誠実に向き合っていない」人につかめるようなヒントではありません。

(3) 仕事への取り組み姿勢・自己の在り方

第三章は、「〝質の高い〟仕事の進め方」の基盤として重要な、「仕事への取り組み姿勢」、自己の「在り方」がテーマです。

このテーマは、私には、「こうしたらよい」と言って解説することも、お手本を示すこともできません。仕事人生の終盤65才頃になって、ようやく仕事に生きがいを感じるようになりましたが、若い頃の苦い反省があるからです。

相手と誠実に向き合っているお手本として、私が尊敬する、稲盛さんと延堂さんのお二人の「生き方」を紹介します。なお、私の仕事歴の振り返りも、反面教師的な参考情報として書きました。

1　京セラの創業者、名誉会長の　稲盛和夫さん

2　「成長哲学」の創唱者　延堂溝壑《えんどうこうがく》さん

3　著者・糸藤正士の〝仕事歴〟の振り返り

私は、「〝質の高い〟仕事の進め方」の基盤となる取り組み姿勢を、「相手と誠実に向き合っている」という短い言葉で表現しました。「相手」とは、対人だけでなく、仕事、人生、社会などの意味を、広く含めています。

次の、稲盛さんの図書『考え方』の目次をご覧ください。そこには、仕事への取り組み姿勢だけでなく、人生万般での「自己の在り方」が広く、深く、心得るべき「徳目」として説かれています。書かれている徳目は、すべて実践から出ているものですから納得できます。

『考え方』（稲盛和夫著　大和書房）の目次

序章　素晴らしい人生をもたらす羅針盤
一　大きな志を持つこと
二　常に前向きであること
三　努力を惜しまないこと
四　誠実であること……（註　次の項で、要約して紹介します）
五　創意を凝らすこと
六　挫折にへこたれないこと
七　心が純粋であること
八　謙虚であること
九　世のため、人のために行動すること
終章　善き思いに満ちていること

このような「考え方」を若いうちに学び実践していたら……という苦い思いが湧いてきます。

（4）相手と誠実に向き合っている人①　稲盛さん

「誠実」の中味としては、真剣、謙虚、忍耐、公平、寛容……など多くの徳目を含んでいますが、何と言っても一番重要なのは、「正直」です。「誠実」をわかりやすく言い直すと、イコール「正直」と言ってもよいと思います。そして、相手に対しての正直＝まず、自己への正直です。

私心なく、「正直であり、純粋で、全力でことにあたる」のが誠実です。

「正直」は、仕事に向き合う姿勢を語れば、誰もが取り上げる徳目ですが易しいことではありません。頭で理解できても、実践が難しいことを多くの人が体験しています。

新聞やテレビで、時として著名な企業の不祥事が報じられます（２０１７）。不正な会計による巨額な損失で世間を驚かせた名門電機メーカー（株）Ｔ社の例もあります。同じ時期に、Ｆゼロックスの不正会計が報じられました。

四度にわたり、検査データの偽装や、性能不足の免震ゴムの使用などの不正を繰り返し、二人の社長が引責辞任したＴゴム工業（株）の例もあります。

最悪の事態を招いた原因は、いずれも「正直」でなかったことです。

「正直に」、これは新人や若手社員にとってだけではなく、部課長、取締役、経営者まですべての人にとって欠かせない重要な徳目です。

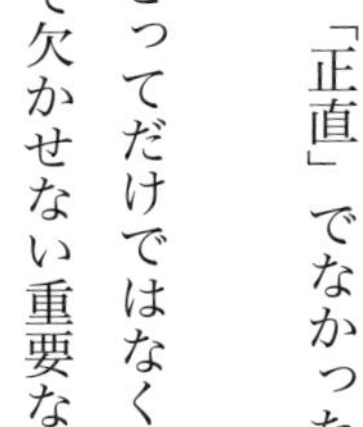

ここで、稲盛さんの「正直」な生き方の実践を、『考え方』（稲盛和夫著　大和書房）から、「第四章　誠実であること——正しいこと正しいままに追求する」を要約して紹介します。真摯《しんし》さに胸を打たれます。

****

「真摯　いかなる障害があろうとも、自分に正直に生きる」（稲盛和夫）

稲盛さんが京セラ創立の前に勤務されていた会社では、残業代稼ぎが常態化していました。稲盛さんは職場のリーダーとして、コスト意識から残業禁止を打ち出されました。

すると、「管理職でもないくせに、経営者以上に厳しい要求で従業員をいじめる」という

ことで、労働組合の査問委員会にかけられ、いわゆる「人民裁判」で吊るしあげられたのです。会社の玄関を入ると正面に池があり、その脇に碍子を入れる木箱をいくつも積み上げて、その上に立たされ、晒し者にされたのです。「こういうやつがいるから、我々労働者は難儀するのだ。こういう男は辞めさせるべきだ」などと一斉にはやしたてられました。

それだけはありません。あるときは、従業員から糾弾されたばかりか、その人たちの差し金で、夜に数人が待ち伏せして、襲撃してきたのです。そのときの怪我の傷は今でも顔に残っているそうです。それでも稲盛さんは、翌朝、包帯をグルグル巻きにしたまま会社に出ていかれました。

吊しあげられても、襲撃されても、敢然と反論されました。いかに自分に不利な状況になろうとも正道を貫き通されたのです。

このような実践を踏まえて、稲盛さんは次のように説かれています。

〈「人間として何が正しいのか」と自分に問い、正しいと信じる道を貫き通す。困難なことではあると知りながらも、正道を愚直に貫く。

そのような真摯な姿勢は、一時的には周囲の反発を買い、孤立を招くかも知れません。

しかし、人生という長いスパンで見るならば、必ずや報われ、実りある成果をもたらしてくれるはずです。そのことを信じて、妥協しない生き方を選ぶことが大切です。〉

（出典『考え方』稲盛和夫著　大和書房）

◆**参考情報です。**（考えさせられます）

（公財）日本生産性本部の2016年度「新入社員意識調査」によると、「良心に反する手段で進めるように指示された仕事であっても従うか」という質問項目に対して、「従う」という答えが過去最高の**45・2%**でした。

前年より、**7・4ポイント**増加しました。

「従わない」との回答は**10・6ポイント**で**1・1ポイント**前年より減少。

「わからない」とした割合は**44・2%**。前年比**6・3%**減少。

(5) 相手と誠実に向き合っている人② 延堂さん

次に紹介しますのは、「成長哲学」の創唱者にして実践者であるブライトフィート代表の延堂溝壑《えんどうこうがく》さんです。1980年生まれの現在37才の若手ですが、私が尊敬している友人です。「相手と誠実に向き合っている」実践者として、ご紹介します。

83才の私が、今の延堂さんの年齢である37才の年頃に、自己成長に意識的・意欲的に取り組んでいたかどうか自問自答しますと、「実に不十分だった」というのが率直な感想です。延堂さんが創唱されている『成長哲学』は、「〝質の高い〟仕事の進め方」の基本姿勢である「相手と誠実に向き合う」ためには大切な哲学だと思いますので、成長哲学公式サイトから転載して紹介します。

(以下、了解を得て転載)

〈成長哲学とは

はじめまして、延堂溝壑(えんどう　こうがく)です。成長哲学に関心をお寄せいただきありがとうございます。私はこれまでの人生を通じて〝成長を積み重ねる〟ことの大切さを強く感じてきました。

成長哲学というとちょっと分かりにくい表現ですが、これは一言で簡単に表現すると、「自己成長について真剣に考える」ということです。もう少し付け足しさせてもらえるなら、「自己成長について真剣に考え、自己成長に責任を持ち、自分なりの成長の道筋や心構えをつくっていく」ということです。

人は生まれてから死ぬまで成長の連続です。成長は子供の頃だけの話ではありません。むしろ大人になってからの方が、成長の機会や成長の必要性を感じるとき、というのは多いのではないでしょうか。子供の頃の成長はとても大切ですが、大人になってからの成長も、子供の頃と同じかそれ以上に大切です。

成功よりも、成長を

世間には成功哲学という言葉はあります。こちらは聞き慣れている人も多いかと思います。書店の自己啓発コーナーに行くとその手の本がたくさん置いてあります。ベストセラーになっている本もあります。それらの本には富を得るための原理原則、人生を豊かにするための考え方、幸せになるためのルール、などが書かれており、それらの法則は実際に地位や名声や富を得た人たちの思考パターンや行動パターンをもとに構築されています。

成功哲学と成長哲学、言葉は似ていますが意味はまったく違います。成功哲学では、「人生で大切なことは、成功すること」という前提のもとに、話が進んでいきます。そして、成功哲学における成功とは、「社会的地位、名声、富」といった財産を多く手に入れることであり、焦点はおおむね物質的な豊かさにあるようです。目標を達成するのも、人としての成長も、富を手に入れるためである、というのが一般的な成功哲学です。

しかし成長哲学では、**「人生で大切なことは、人として成長を積み重ねていくこと」**という考え方を前提としています。

『成功して不幸になる人びと』（ジョン・オニール著　ダイヤモンド社）というタイトルの本があります。世間も羨むような成功を手にした人たちが、成功を手にしたことで逆に不幸になってしまったり、大きな問題を抱えたりする、といったケースは珍しくありません。宝クジを当てた人のほとんどが不幸になってしまうのも同じような原理です。

成功して不幸になるのは、なにも個人レベルの話だけではありません。たとえば日本という一国で見ても、同じようなことが言えるのではないでしょうか。日本は1945年の敗戦から立ち上がり、何もない焼け野原から復興し、高度成長期を経て、物質的に豊かになりました。ですが豊かになったはずの日本では、自殺者数の増加や、これまでの常識では考えられなかったような犯罪が発生しています。経済的な成功を手に入れたはずの日本人ですが、人としての成長が経済成長に追いついていないのかもしれません。

成功や成功哲学を否定したいわけではありません。ただ、人生には、世間で言われているような成功よりも、もっと大切なものがあるのではないか。その一つが、人として成長を積み重ねていくこと、なのではないでしょうか。

プロフィール

延堂溝壑（えんどうこうがく）1980年大阪府生まれ。本名、延堂良実（えんどうりょうま）溝壑は号。『成長哲学』創唱者。Brightfeet 代表。一般社団法人日本報連相センター代表理事。

2001年に専門学校を卒業後に会社員となるが、仕事において自身の能力不足による失敗を繰り返し自己成長の大切さに気づく。以降、自己啓発の実践や、大切な人々との出会いや、社会での様々な経験を通して「人にはそれぞれ、自分にあった成長の道筋が必要である」という考えに至り『成長哲学』を提唱。「人生で大切なことは、人として成長を積み重ねていくこと」を心に、人々に成長哲学を伝え広める活動を使命としている。

成長哲学公式サイト　http://brightfeet.jp/

成長哲学関係の延堂さんの著書　（入手は、http://brightfeet.jp/ からできます）
『成長は約束されている』（成長哲学講話集1）
『成功よりも、成長を』（成長哲学講話集2）
『本当に尊いものは、実践からしか得られない』（成長哲学講話集3）
『すべては自分から』濱名稔×延堂溝壑（成長哲学対談録）
『言葉に学ぶ成長哲学』（成長哲学随感録）〉

＊＊＊＊＊＊＊＊＊＊＊＊＊＊＊＊＊＊＊＊＊＊＊＊＊

延堂さんもまた、私心なく、「正直であり、純粋で、全力でことにあたる」誠実に生きる実践者です。他にも、世の中には、誠実に生きている人たちが読者の皆さまも含めて大勢おられると思います。

「〝質の高い〟仕事の進め方」をするための基盤としては、「相手と誠実に向き合っている」姿勢が重要です。しっかりした建物は、しっかりした土台の上にできます。

「相手」とは、「対人」だけでなく、広く「仕事」「人生」「社会」に誠実に向き合っているという意味まで含んでいることは前述しましたが、大切なことは、相手と誠実に向き合うには、まず「自己」に対して誠実に向き合うことが欠かせない、ということです。

なお、「３つの方向」とか、「向き合っている」あるいは、次節で取り上げています「寄り添っている」などの表現には、身体《からだ》の方向をイメージされるかもしれませんが、大切なのは〝心の方向〟です。

対面して、身体は向き合っていても「心ここにあらず」で、よそ事を考えている場合もあります。身体は離れていても、心が向き合っている場合もあります。都会で暮らす若者が、遠方に住む老親を気遣って声掛けをするのは、心が寄り添っているからです。

稲盛さんの生き方・考え方、と延堂さんの成長哲学を紹介しましたが、容易なことではない、という低俗な感想が湧いてきます。私の正直な告白です。

人は、一人ひとりみな違います。お手本を知っても、誰も稲盛さんにも、延堂さんにもなれません。自分の生き方、相手との向き合い方は、「誠実な」実践者から真摯に学び、ヒントを得て、自分で決めるしかありません。

(6) 著者　糸藤正士の仕事歴（振り返り）

私には、貴重な若い時代を漫然と過ごしてきたという苦い思いがあります。とても、「相手と誠実に向き合っていた」とは言えない時期です。相手に対していい加減な対応はしていませんが、「自己に対して誠実であったか」、と内省し自問自答しますと、苦い思いしかありません。ここで自己紹介しますのは、いわば反面教師として、です。

会社員生活を46才でやめて講師業に転じて以後は、いま振り返ってみますと、私の場合は、納得できない組織環境から離れたせいもあって、自己の姿勢が誠実さを増してきたように感じています。（環境に左右される自己でした）

皆さまにお話しできるのは、「あきらめずに、何とか場面転換を願って生きていると、運よく道が開ける可能性があります」、ということだけです。私が体験的に言えるのは次の2点です。

①　自分の「生き方」を、時折、しっかり振り返るのは大変有意義です。

そして、今の生き方に納得できなければ、機をみて場面転換にチャレンジしましょう。

「いまさら……」とか、「もう遅い」ということは決してありません。

② そのために有効なのは、「座右の銘」を持つことです。

私の座右の銘は、次の３つです。46才までは、持っていませんでした。

1 「今が適齢期」(47才～) ……私にとって大切な言葉です。
2 「志は高く、肩の力は抜いて」(65才～)
3 「前を見よ、前を見よ、前には夢がある」(75才～)

座右の銘とは、自分に言い聞かせる短い言葉です。言い聞かせていますと、やがてその言葉は心身にしみ込み、生きる姿勢を作ってくれます。〝自分にとって〟意味の深い効果的なものならどんな言葉でもよいのです。人に見せるものではありません。自分に言い聞かせるものです。

私は、23年間の会社員生活をやめて、(株)リクルートの契約講師になって間もない47才のとき、「集中内観」という自己を振り返る5泊6日の研修を受けました。その研修で、内観法の創始者である吉本伊信先生の**「今が適齢期」**、という言葉を耳にして、ハッとしました。

(内観センター　http://naikan.jp/)　(参考図書『内観法』吉本伊信著　春秋社)

先生は60才のお婆さんが内観にこられると、「60才ですか、今が内観の適齢期ですよ」と言われます。18才の青年が親に伴われて内観にきますと「18才は、内観する適齢期です」と言われました。自分がやろうと思った時が適齢期、という意味です。

「遅くはない」という意味と、〝今だ〟と「決断を促す」、二つの意味があります。

この言葉をいただいて、以後、座右の銘にしてきました。この座右の銘のお陰で、人生が徐々に展開してきました。次に、私の仕事歴を3期に分けて記述します。

第一期　一部上場の製造業K社での23年間（23才～46才まで）。新入社員から徐々に昇進して、総務部長、人事部長を経て、購買部長になりました。

与えられた仕事に取り組み、真面目に働いていました。生活の糧を得る一家の主としての責任もありました。

しかし、内面の深いところでは、なぜか「むなしい」気がしていました。

外面的な昇進と、内面での不満足感のギャップは、自分にもよくわからない、誰にも言えない悩みでした。ギャップの理由は、（不完全な表現ですが）「この組織内の一員という立場が、どうしてもしっくりしない」、「自分が本当にやりたい仕事は何か……？」ということです。口外すれば「贅沢だ」と、一蹴されたでしょう。今でも、口に出すことが憚《はばか》れる理由です。

超ワンマンの経営者の下にいたのも、不完全燃焼の理由の一つですが、この環境を選択したのも自分ですし、同じ環境の中でもしっかり働いている同僚はいましたので、不満足感には自己責任を自覚します。

外面では普通に働いていた時期ですが、内面では自己に対しては誠実ではなかった第一期です。

第二期

46才のとき、会社は債務超過に陥り、トヨタグループ内の一社と合併する異常事態が起こりました。本社は、大阪から名古屋へ移りました。

私は、迷いましたが、決断するのは「今が適齢期」、と思い切って退職し、(株)リクルートの一年契約の講師に転進しました。46才にして、新人です。

以後、一年契約を12回繰り返しました(46才~58才)。研修講師としての修業時代です。講師業は、やってみると好きな仕事になり、勉強になり、楽しくもあり、創意工夫を加えながら仕事に打ち込みました。

研修の場では、講師をしながら、〝できる人〟の仕事の進め方の秘訣を探り、情報の収集に努めました。自分の研修を開発したい夢があったからです。

しかし、創意工夫を加えながら、と言っても、基本はリクルート社の研修商品を忠実に実施するのが仕事ですから、徐々にマンネリになってきました。マンネリになっては、「自己に対して誠実」とは言えません。だんだんと相手に対して誠実とは言えなくなってきました。

独立して、自己のオリジナルな研修を創作したい、世に問いたい、という気持ちが抑えられなくなりました。この頃は、自己の欲求満足が先に立ち、利他の心は後方にかすんでいました。

第三期

58才。皆さまが定年退職される頃に、遅くはない「今が適齢期」、と自分に言い聞かせて、ようやく完全に独立しました。社名は、「(株) クリエイティブ21」と付けました。世の中にない、独自の商品を創るつもりで付けた社名です。

幸い「3つの視点」「3つの深度」を含むクリエイティブな研修教材「真・報連相」(＝〝質の高い〟仕事の進め方)が開発できました。それから17年間(58才～75才)。大変遅まきですが、自分の「やりたいこと」を仕事にでき、生きがいを感じてきました。やっと、自己の姿勢にも少し自信が持てるようになりました。

「〝質の高い〟仕事の進め方」の情報を提供する機関として、**「日本報連相センター」**

を設立しました。センターは、「真・報連相」の情報入手を希望されるコンサルタント・研修講師、あるいは企業の研修担当者へ、教材を提供しています。

その人たちを通じて、仕事に役立つ情報を広く世に提供できる態勢ができました。報酬をいただく仕事は75才までで幕を下ろし、以後はボランティアとして講演、執筆などを続けています（現在83才）。

「〝質の高い〟仕事の進め方」の観察・研究と情報収集を続けていた私が、開発した研修商品の名前に「真・報連相」とつけた理由は、独立当初に、有力顧客数社から「報連相を含む研修」の注文をいただいたからです。

日本報連相センター（http://www.nhc.jp.net/）は、現在、後輩が引き継いで運営しています。６００名を超える登録会員が、「真・報連相」の情報、つまり「〝質の高い〟仕事の進め方」の情報を、ご自分の仕事（研修）に取り入れて、活用されています。

（会員名簿はセンターのサイトに掲載）

・『真・報連相のハンドブック』（日本報連相センター刊）………基本テキスト
・『「真・報連相」読本』（鳥影社）………………………経営者、管理者向け
・『報・連・相の技術がみるみる上達する！』（日本実業出版社）…中堅社員向け
・通信教育『職場の報連相「基本のキ」』（JTEX）…………初級社員向け
・DVD『ケーススタディーで学ぶ　報連相の基本』（PHP研究所）

右を、60才～72才で発表し、その反応によって、「世のため、人のためにお役に立っている」という実感を得ました。遅まきですが、ようやく「自己に誠実」、そして「相手と誠実に向き合っている」と言えるようにもなりました。「今が、適齢期」と、自分に言い聞かせながら粘っていたら開けた道です。

これまでに受けた、多くの人たちからのご支援を感謝しています。健康も維持できて幸運でした。

顧客からの求めという偶然から、これまでは仕事の進め方の情報を、「真・報連相」という名称で提供してきましたが、本書では、「〝質の高い〟仕事の進め方」を「トリプルスリー」として、お伝えしています。

「〝質の高い〟仕事の進め方」の氷山モデル

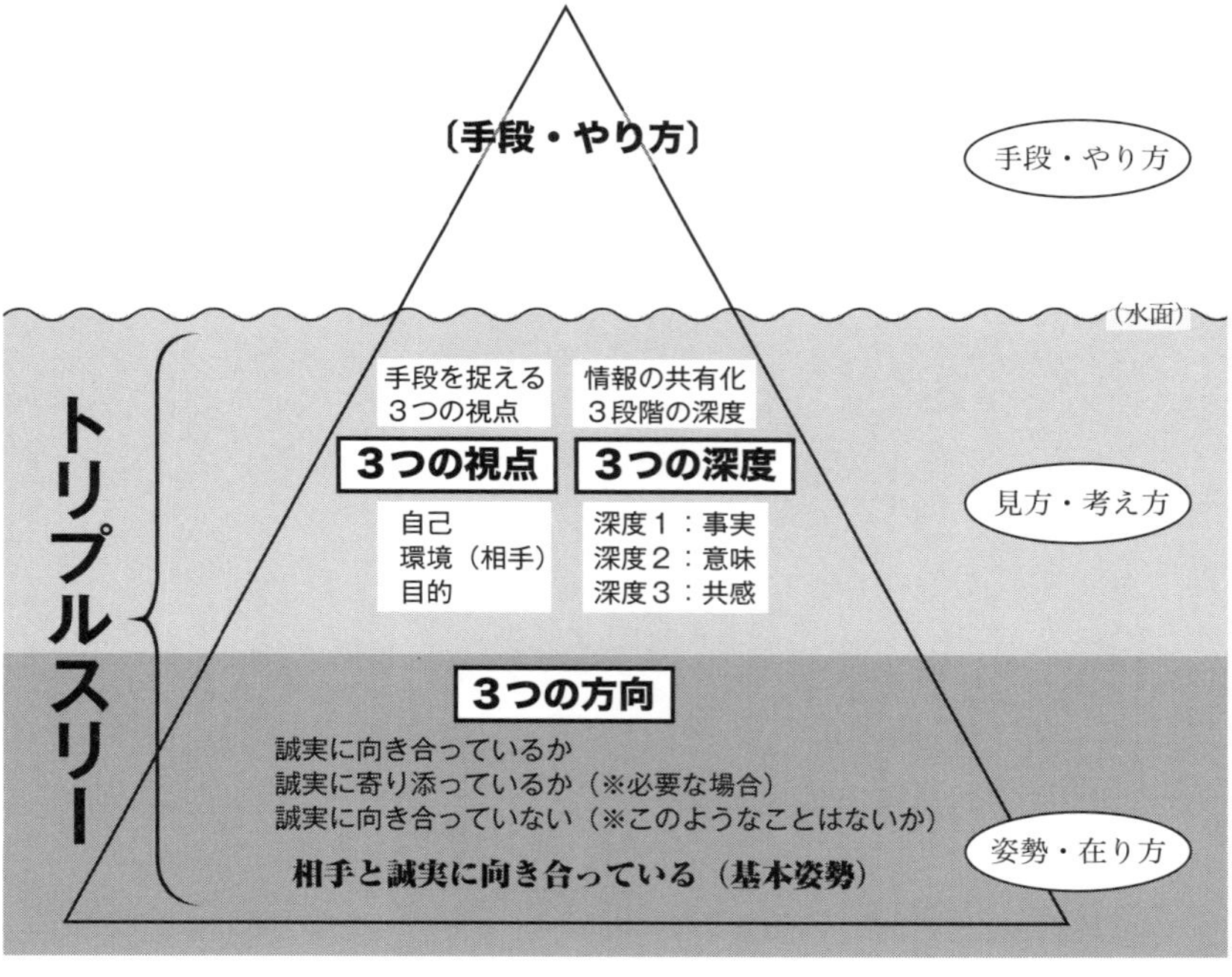

第二節　「3つの方向②」必要な場合には、相手に誠実に寄り添っているか

☑
①相手と誠実に向き合っているか
②相手に誠実に寄り添っているか（※必要な場合）
③相手と誠実に向き合っていない（※このようなことはないか）

(1)〝ね〟――「痛かったですか」「痛かったですね」

「相手に寄り添う方向」については、私の知人である塩田涼子さんから伺ったお話を紹介します。（塩田さんは、長年医療分野で活動されている研修講師です）

＊　緊張感が増す歯科医院の音。治療中痛みを感じて体がピクッと反応します。歯科衛生士の言葉、「痛かったですか？」

＊　手術の翌日、処置を行いながら、病院の看護師が患者さんへの言葉、
　「昨日は痛かったですか？」

同じ体験はしていなくても痛みに心を寄せる「優しい心」が人はうれしく心癒やされるものです。痛いから、怖いから体が反応するのです。

この事例は、痛みを共感する心を持ち「痛かったです**ね**」のほうが良いでしょう。医療スタッフからの声掛け一つで痛みが和らいだり、カチンときて痛みが更に増すように感じるものです。

「ね」と「か」で受ける印象が大きく違います。

もちろん、言葉だけでは不十分。声のトーン、表情、そしてなにより「相手に誠実に寄り添う」〝心〟が伴っていないと相手の心には届きません。

医療のプロであれば「この処置には痛みが伴う」「この治療は痛い」ということはわかるはずです。

言葉が心に及ぼす影響を考えて接することが大切です。（塩田）

(2)「がんばれ」よりも、「好きにしたらいいよ」

41才で、「肺カルチノイド」という有効な治療法のない特異な〝がん〟でなくなられた、流通ジャーナリスト金子哲雄さんの遺著『僕の死に方』(小学館)から一節を引用させていただきます。

〈「私の周囲にも『もっと食べなきゃ』とアドバイスしてくれる人がいたが、そう言われるのは本当につらい。食べなきゃいけないことはわかっているのだが、それができないのだ。食べると吐き気との闘いも待っていた。

経験して初めてわかることがある。

もし皆さんの周りにがん患者がいたら、

『好きにしたらいいよ』

と温かく声をかけてほしい。

『がんばれ』という言葉もつらい。

繰り返しになるが、がん治療は想像以上に体力を要する。治療するだけで十分がんばっ

ているのに、それに輪をかけて『がんばれ』と言われると、「これ以上がんばれないよ」と言いたくもなる。」（金子）〉

＊＊＊＊＊＊＊＊＊＊＊＊＊＊＊＊＊＊＊

「好きにしたらいいよ」という温かい声掛けは、「相手に寄り添う」姿勢になってこそ出る言葉だと思います。仕事を進める際の心身の方向は、「相手と誠実に向き合っている」のが基本姿勢ですが、「必要な場合には、寄り添う姿勢」もとりたいものです。

仕事は、健常者同士のビジネスの場だけのものではありません。そして、仕事をする双方は、必ずしも対等の立場にはいません。若者と高齢者、健常者と病気や障害のある人、専門家と素人、上司と部下、先輩と後輩など様々です。人々が活動する現実の場では、対等な立場、強い立場、弱い立場の人たちが混在しています。

仕事の環境はこのような場ですから、そこでは、「3つの視点」「3つの深度」に加えて、「3つの方向」が重要です。

とりわけ、「必要な場合には、相手に誠実に寄り添う」姿勢が大切です。そういう姿勢がとれる「自己」でありたいものです。

(3) クレーム――相談を受けた隣の部長さん

夏休みで社員もまばらな、あるオフィスでのことです。
派遣スタッフのK子さんが、隣の部のS部長(女性)に話しかけてきました。

K子さん「あのう、S部長にご相談していいかわからないんですけど。他に誰もいないので……」
S部長は、K子さんとは違う部署ですが、困った表情を見て笑顔で応えました。
S部長「私にできることなら何でも相談に乗りますよ。何かありましたか?」
K子さん「実は……お客様からクレームの電話をいただいてしまい、どうお返事をすればいいのか困っています」
S部長「よく相談に来てくれましたね。詳しく聞かせてください」
K子さんは、ほっとした表情で話し出しました。
K子さんは、昨日の夕方にT課長から受けた指示で、今朝大勢のお客様にセミナー案内の一斉メールを送りました。その直後、お客様の一人から電話が入ったのです。

「送られたメールの案内文に、重大なミスがある。どうするつもりだ！」と、大変な剣幕でした。驚いたK子さんが、どこが間違っていたのか尋ねても、「見ればわかる」と言って、教えてくださらなかったのです。

K子さんは、「申し訳ございません。至急お調べして対処いたします」と言って電話を切りました。メールを確認したところ、送り先の役職に関するミスを発見しました。

K子さん「ミスは役職の間違いでしたので、訂正したことを報告しました。そして、お詫びと、今後二度とこのようなことがないようにします、と書きました。内容と文章を見ていただけないでしょうか。T課長は今日から夏休みですし、他の課員も夏休みか外出中なんです」

S部長は、文面を確認しました。そこには、今後どうするかも書かれていますが、文章がやや形式的に感じられたのです。

S部長「よく出来ているわ。お詫びの言葉の前に、このミスをわざわざ教えて下さったお客様に感謝の言葉を入れたらどうでしょう。それと、他にもミスがありましたらご指摘ください、とお願いしたほうがいいですね」

K子さん「はい……」

S部長　「メールは訂正にはよいが、お詫びにはふさわしくない手段です。教えてくださったお客様一人だけに送ってから、その後で電話をしてください。『お詫びして、これでよろしいでしょうか？』と口頭でお尋ねしたらよいのでは……」
K子さん「はい。そうします。ありがとうございます」
S部長　「この処置で、そのお客様が納得されない場合は、すぐ教えてくださいね。訂正とお詫びの一斉メールは、その確認の後で発信すればよいのです」
しばらくして、輝くような笑顔のK子さんが、S部長のところに来ました。
K子さん「ありがとうございました。お客様が喜んでくださいました。適切な処置だと、お褒めの言葉までいただきました」
S部長　「気になっていたのよ。結果報告をしてくれてありがとう。今回の件は、T課長には休み明けに、すぐ報告してくださいね」
S部長の心には、温かいものがこみ上げてきてきました。

（NSプロジェクト代表　更家直子さん　記）

（4）真の「積極的傾聴」は、寄り添う姿勢で

「積極的傾聴」（アクティヴ・リスニング）とは、相手と誠実に向き合って、相手の言わんとするところをしっかり聴くことです。これは、米国の心理学者カール・ロジャースが提唱したものです。

積極的傾聴は

1　共感的理解（評価的・批判的にならない）
2　受容（受容的・許容的なきき方）
3　誠実

の3つを基礎としています。

相手の言わんとすることの、意味全体を聴くことです。言葉だけでなく、その発言の背後にある考えや気持ちを相手の立場から理解することと言えます。こちらが理解していることを相手に伝えながら（復唱・確認）聴いているのが特徴です。

これは、単なる技法というよりは、むしろ人間尊重をベースにした心構えとか、態度を指しています。あなたの言わんとするところを、わかろうとして一生懸命に聴いていますよ、

ということを発信しながら聴くことが、積極的傾聴をしている人の特徴です。自分の話を、相手が真剣に、わかろうとして聴いてくれているときには、誰しも話しやすいものですし、心が開かれていくものです。

では、どうすれば真剣に聴いていることが、相手に伝わるのでしょうか。

研修のなかで受講者から出た答えを紹介します。

・相手の方を見てきく
・心を空っぽにして、否定的にならずに
・相づちを打ちながらきく
・相手の言葉を、オウム返しに、返しながら
・相手を全部受け容れて……
・自分の言葉で確認しながら
・うなずきながらきく
・うわの空とか、よそ事を考えたりせずに集中する

「きく」という字は、３種類あります。聞く（hear）、訊く（ask）、聴く（listen）です。

積極的傾聴には「聴く」という漢字がふさわしいでしょう。

こちらが、批判的にきいていれば、相手が自己防衛的になるのは自然です。口で訊けば、口で「答える」、耳に目と心を足して全身で聴けば、心で「応えて」くれます。

発信者は口だけで発信しているのではありません。「顔に書いてある」、という言葉もあるくらい、態度、表情、目線、行動、雰囲気など、全身で発信しています。

相手が言わんとしている真意を理解するためには、耳だけ（聞く）では無理です。

情報の共有化は、「きく」ことに関連して言えば、深度1「聞く」、深度2「訊く」、深度3「聴く」へと深まります。

これを「3つの方向」で言えば、基本姿勢である「相手と誠実に向き合っている」だけでなく、「必要な場合には、相手の心に寄り添って」こそ、相手の心を聞くことができ、真の積極的傾聴ができるのです。

情報の共有化の「3つの深度」

深度1	事実情報の共有化	知っている	聞く
深度2	意味（目的）の共有化	わかっている	訊く
深度3	考え方の波長の共有化	思いの共有化（共感、感動）	聴く

〈参考情報〉

非言語コミュニケーションの重要性を説いている「メラビアンの法則」というものがあります。アメリカの心理学者アルバート・メラビアンが提唱した概念で、「視覚情報」の重要さを示しています。

言語情報　（7%）
聴覚情報　（38%）　言語情報よりも、声の大きさ、速さ、口調などの方が相手に伝わる影響力が大きい。
視覚情報　（55%）　ボディーランゲージや見た目、印象、表情、しぐさ、視線が、大きく影響する。

例えば、「楽しいね」と言葉（内容）を発していても、沈んだ声だったり、声の大きさや調子が低いとか、あるいはうつむき加減で、肩を落としていると、言葉よりも非言語情報の伝える「楽しくない」という気持ちが伝わります。

心配事の相談にのっている場合などでは、相談を受けている者は、注意深く相談している相手の様子を観察し、必要ならば相手に寄り添う気持ちで、相談者の非言語発信を受け止めましょう。

（5）自分の意思を正直に、率直に表現する　――アサーション

「自他を尊重しながら、自分の意思を正直に、
率直に表現できるし、柔軟な対応で歩み寄りもできる」

「アサーション」とは、さわやかな自己表現＝自他尊重のコミュニケーションのことです。自己の本心を抑えたり、過度に相手の気持ちを忖度《そんたく》したりすると、相手と誠実に向き合うことも、誠実に寄り添うこともできません。「アサーション（Assertion）」の、奥行きのある内容とニュアンスを表す適当な訳語がないのでアサーションという言葉がそのまま使われています。『アサーショントレーニング』（平木典子著　日本・精神技術研究所）から、著者の承認を得て説明の一部を引用します。

＊＊＊＊＊＊＊＊＊＊＊＊＊＊＊＊＊＊＊

〈あるアメリカの心理学者は、人間関係のもち方には、大きく分けて三つのタイプがある

と言っています。第一は自分よりも他者を優先し、自分のことを後回しにするタイプ、第二は自分のことだけ考えて他者を踏みにじるタイプ。第三は、第一と第二のやり方の黄金率ともいえるあり方で、自分のことをまず考えるが、他者をも配慮するタイプです。アサーションとは、第三のタイプをいいます。〉

〈アサーティブな自己表現

アサーティブとは、自分も相手も大切にした自己表現です。アサーティブな人は自分の人権のためには自ら立ちあがろうとしますが、同時に相手の人権と自由を尊重しようとします。アサーティブな発言では、自分の気持ち、考え、信念などが正直に、率直に、その場にふさわしい方法で表現されます。そして、相手が同じように発言することを奨励しようとします。

その結果としては、お互いの意見が葛藤を起こすこともあり得ると考えます。つまり、互いに率直に話をすれば、自分の意見に相手が同意しないこともあるし、また、相手の意見に自分が賛同できるとは限らないのです。むしろ率直に話して意見や考えが一致すれば、それはラッキーなことです。葛藤が起こったときは、すぐさま折れて相手に譲ったり、相手を自分に同意させようとするのではなく、面倒がらずに互いの意見を出し合って、譲ったり、譲られたりしながら、双方にとって納得のいく結論を出そうとするのです。

このような言動は、余裕と自信に満ちており、自分がすがすがしいだけでなく、相手にもさわやかな印象を与えます。また、相手は大切にされたという気持ちをもつと同時に、二人の努力に対して誇らしい気持ちをもつでしょう。また、アサーティブな人に対して尊敬の念を覚えるでしょう。

アサーションには、歩み寄りの精神があり、多少時間はかかっても、互いを大切にし合ったという気持ちが残る会話があります。また、話し合いのプロセスでは、より豊かな創意や工夫が生み出され、一人の提案よりはむしろ満足のいく妥協案が探り出せる可能性さえもあります。そんな相互尊重の体験をすることがアサーションです。〉

〔参考情報〕
・「(株) 日本・精神技術研究所」 http://www.nsgk.co.jp/
『アサーショントレーニング』(平木典子著 日本・精神技術研究所)
・「特定非営利活動法人 アサーティブジャパン」 http://www.assertive.org/
『気持ちが伝わる話しかた』(森田汐生著 主婦の友社)

3つのタイプの自己表現の特徴一覧表

非主張的	攻撃的	アサーティブ
引っ込み思案	強がり	正直
卑屈	尊大	率直
消極的	無頓着	積極的
自己否定的	他者否定的	自他尊重
依存的	操作的	自発的
他人本位	自分本位	自他調和
相手任せ	相手に指示	自他協力
承認を期待	優越を誇る	自己選択で決める
服従的	支配的	歩み寄り
黙る	一方的に主張	柔軟に対応する
弁解がましい	責任転嫁	自分責任で行動
「私はOKでない、あなたはＯＫ」	「私はＯＫ、あなたはOKでない」	「私もＯＫ　あなたもＯＫ」

（前掲書より転載）

(6) 信長の心に寄り添った、秀吉の「草履《ぞうり》とり」

有名な、秀吉(藤吉郎時代)の「草履取りの話」です。

雪の夜、信長が部屋から出てきて草履を履くと、温かくなっていた。「おまえは腰掛けていたな。不届き千万な奴」と怒って、秀吉を杖で打ったが、「腰掛けてはおりません」と言い張りました。

信長は、ますます腹をたて「証拠は、草履が暖かいことだ」と言うと、秀吉は「寒夜なので、御足が冷えていらっしゃるであろうと存じまして、背中に入れて温めておりました」と答えました。

「ではその証拠はなんだ」とたずねられると、衣服を脱いで、肌をみせました。背中に鼻緒の跡がくっきりとついていたそうです。

秀吉は、「相手の心に寄り添って」いたのです。

信長は、秀吉の忠志のほどがわかり、すぐさま彼を草履取り頭に任じたそうです。

秀吉の他には、相手の心に寄りそった草履取りは、一人もいなかったのです。

(出典『名将言行録』岡谷繁実著　北小路健・中澤惠子訳　講談社学術文庫)

「秀吉の草履取り」を現代風に言い換えますと、創意工夫のある誠実な取り組み姿勢です。どんなつまらない仕事だと思えても、創意工夫次第で意味が変わります。

「何の仕事か」も重要ですが、「誰が、やるのか」、「どのような姿勢・態度でやるか」、が肝心です。

誰がやっても同じ、ではないのです。

「下足番を命じられたら、日本一の下足番になってみろ。そうしたら、誰も君を下足番にしておかぬ」。これは、阪急グループの創始者小林一三《いちぞう》さんの言葉だそうです。

第三節 「3つの方向③」相手と誠実に向き合っていない

……このようなことはありませんか

①相手と誠実に向き合っているか

②相手に誠実に寄り添っているか（※必要な場合）

✓ ③相手と誠実に向き合っていない（※このようなことはないか）

「3つの方向」の一つに、③「相手と誠実に向き合っていない」という項目を取り上げました。この項目は、①②と違ってマイナス方向だし、①を取り上げているうえに、その反対方向のことも取り上げるのは、不要と思われるかも知れません。

では、なぜこの項目を取り上げたのかと言いますと、第三章は仕事をする自己の取り組み姿勢を「振り返る」章だからです。

私たちは、普段、仕事の進め方の「効率」や「コスト」を追求していますが、その基盤である自己の「姿勢・在り方」はほとんど意識していません。とりわけ、「相手と誠実に向き合っていない」というマイナス方向に目をむけることは、皆無ではないでしょうか。

そこで、「〝質の高い〟仕事の進め方」のためには、マイナス方向も目を逸らさずに見ていくことが必要、という考えから、「振り返りの手がかり」として③を取り上げました。〝質〟を考えるためには、欠かせない重要な振り返りポイントです。

(1) 実例　誠実に向き合っていない

「相手と、誠実に向き合う」基本姿勢の逆が、「相手と誠実に向き合っていない」姿勢です。この姿勢は、無意識のうちにとってしまう姿勢です。普段から、誠実に向き合うことを意識しましょう。

「肺カルチノイド」という有効な治療法のない特異な病気で亡くなられた金子哲雄さんの遺著（前掲）から一節を引用させていただきます。

〈……事が事だけに、がん研有明病院からセカンドオピニオンを勧められた。

日本の呼吸器外科ではトップクラスの大学病院の医師を紹介してくれるという。私は藁にもすがるような思いでその教授のもとを訪ねた。

２０１１年7月のことだ。私にとっては少なからず縁のある大学病院でもある。期待もあった。

だが会った瞬間、淡い期待は木っ端微塵に砕けた。彼は私の目を一顧だにしてくれないのだ。書類やスキャン画像に目を落としているだけで、実に素っ気ない。〉

（金子さんは、５００日の闘病記を残して２０１２年10月２日に亡くなられました）

類似の体験をされた人もあるかと思います。私にもあります。もちろんこのような事例は例外です。私たちは、相手と誠実に向き合っている多くの医師に助けられています。

（2）納期遅れと、上司のアドバイス

自動車部品の大手メーカーＡ社の協力工場である東洋工機に入社して3年目の山中さんのことです。

管理課に配属されて納入先であるＡ社との連絡、工場内の関係部署である製造課、資材係、外注係、あるいは発送係などとの連携・調整もとれるようになり、仕事にも慣れてきました。

ある日、納入先A社の担当者から電話がありました。

「X部品が未納だが、どうなっているのか！」

Yさんは、「調べて、折り返し電話いたします」と答えて、電話を切りました。

そして、急いで上司の係長に報告し、相談しました。

生産ラインは、複数の品種を流していますが受注急増のため過負荷になり、生産順序の調整で、その部品は生産が遅れていたのです。


上司からは、「生産したが、錆《さび》の発生のために2日遅れで……、と返事したらどうか」、というアドバイスを受けました。

山中さんが、そのように納入先に返事をしましたら、〝激怒〟されました。

実は、相手は、山中さんに電話する前に、発送係に直接電話して、生産されていないことを知って「どうなっているのか！」と訊かれたのです。

結局、上司の上司が、納入先の担当者に謝って、なんとかことは収まりました。納入先のA社に若干の調整在庫があり、最終顧客である自動車メーカーへの納品には支障がなかったのです。

そのとき、山中さんが反省したのは、次の2点です。

① 納期の遅れがわかった時点で、(先方から電話がある前に)こちらから実情を正直に報告すべきだった。

② 上司のアドバイスに、安易に従って虚偽報告をし、信頼を損なった。相手と誠実に向き合っていなかった。

あなたが山中さんだったら、どうしますか?

上述の実例は、山中さんが4年前に体験したことです。一段とベテラン社員に成長した山中さんは、当時を振り返って次のように言っています。

「納入先A社の担当者と、こまめに連絡をとり、人間関係・信頼関係を深めておくべきだ。電話だけでなく、機会をつくって先方を訪問し、担当者と顔見知りになっておきたい。

その上で、納期遅れになりそうな場合は、期日前に、遅滞なく、正直に報告すべきだ。早く正直に報告して、納入先に、多少の余裕があるのかないのか、先方の事情も教えていただく。そして、相手のふところに飛び込めば、事態の解決方法に相手も知恵を貸してくださるだろう。

お叱りはうけるが、誠実な言動で、信頼関係はかえって深まることもある。当時としては、入社3年目の頃であり、『どうしましょうか？』という上司依存になってしまった。突然そのような相談をもちかけられた上司が、適切なアドバイスを出せなかったのも、いまになって思えば無理からぬことだ」

（3）3人のお母さんは、向き合っているか？

【第一のお母さん】（聞く）の娘さんは、小学校3年生です。いつも算数の成績が悪くて、せいぜい60点かよくても70点ぐらいしかとってきません。

この日、85点とったのです。答案を手に、走って帰りました。

「お母さん、85点とったよ」

ちょうどその時、お母さんは洗濯機の傍にいました。きっと、後で見ようと思ったのでしょう。「あ、そう」と答えました。

彼女は、黙って答案用紙を投げだし、遊びに行ってしまいました。

【第二のお母さん】（訊く）の娘さんも3年生で、算数の成績があまりよくないのです。たいてい70点止まりです。それがこの日85点とったのです。うれしくて、答案用紙を手にひらひらさせながら、走って帰りました。

「お母さん、85点とったよ」

お母さんは洗濯機の方にかがみ込んでいましたが、このお母さんは、洗濯の手を休めて、どれどれと見てあげたのです。

「もうちょっとやね。隣のA子ちゃんはいつも100点よ」

隣のA子ちゃんまで引合にだされては……。

ポーンと、鞄と答案用紙を放り投げて遊びに行ってしまいました。

【第三のお母さん】（聴く）の娘さんも3年生ですが、算数の成績はいま一つです。いつも60点か、良くても70点ぐらいのところです。ところがこの日85点とったのです。

彼女は嬉しくてうれしくて、走って帰りました。答案を手にもって。

「お母さん、85点とったよ！」

あいにくお母さんは、洗濯をしていましたが、その手を休めて、どれどれと見てあげました。娘さんの方を。

あっ。この子は走って帰ったのだわ。娘があらい息をしているので、ぱっとわかりました。

「お母さん……」と言って、見上げている目が輝いているのを見たとき、あっ、私に何か言って欲しいのだ、と感じました。

「よかったわね」。思わず声が出ていました。

「あなたがよく頑張ったからよ」

そして答案用紙を手にとって、

「こんなところに気をつけたら、今度はきっと100点とれるね」

彼女は嬉しかった。


（註　私が40年ぐらい前に新聞で読んだ話を、思い出してアレンジしました）


第一、第二のお母さんは、「相手と誠実に向き合っていない」お母さんですね。

第三のお母さんから、「よかったわね」という言葉をもらった娘さんは、どんなに嬉しかったことか。「よし、がんばって、また喜んでもらおう」と思ったことでしょう。

(4)「死ねと言ったら、死ぬのか！」

私の苦い体験です。23年務めたK社で課長だったときのことです。

ある件を部長の指示通り忠実に実行したのですが、結果がまずかったのです。

強烈な個性の持ち主である部長から強いお叱りを受けて、思わず、「ご指示通りやったのですが……」と返しました。

すると、「では、お前は、俺が死ねと言ったら死ぬのか！」と叱られたのです。

ハッと目が覚めました。

その時、主体性と自己責任性を欠いていた自分が見えたのです。いつの間にか自立を失い、依存的になっていたのです。「相手と誠実に向き合っていない」例です。

いくらこうやれ、ああやれと指示されても、やるのは自分です。自分を見失ってはなりません。そのために、職業生活の根本的な拠りどころを内面に持っているかどうか、自問自答したいものです。

「どうしましょうか」という「依存」から、「こうしたいと思いますが」、という自分の意見を持った「自立」へ進みたいものです。

(5) あなたは、自立的人間ですか、依存的人間ですか？

次ページのチェックリストを利用して、自己の自立度をチェックしてみましょう。
○印をつけてみてください。

「〝質の高い〟仕事の進め方」のための基盤である「相手と誠実に向き合う」姿勢も、そして、必要ならば「寄り添う」姿勢も、自己が自立人間であることが前提です。依存的人間では、誠実に向き合うことはできません。

「自立人間」であってこそ、相手に「誠実」であることができるのです。

ただし、間違った解釈で、「自分ファースト」の孤立にならないように気をつけましょう。

孤立で、各自がタコツボに入ったのではトリプルスリーはできません。

依存と自立

（自己診断チェックシート）

依存的人間の特徴	自立的人間の特徴
① 他に期待して生きる	他者に期待せず 自分自身に期待する
他者依存 1　2　3　4　5　6　7 自己依存	
② 与えられたことを 確実にこなす	自らの可能性を 最大限に発揮する
他者依存 1　2　3　4　5　6　7 自己依存	
③ 問題の原因は状況や 他人にあると考える	原因は自分自身 にあると考える
他者依存 1　2　3　4　5　6　7 自己依存	
④ 他人に認められる ために働く	自分が納得いく までとことんやる
他者依存 1　2　3　4　5　6　7 自己依存	
⑤ 自分の利益のために 他人とつきあう	他人を信頼し 支援する
他者依存 1　2　3　4　5　6　7 自己依存	
自分の自立度について感じたことを記入してください。	

『起業家精神』（福島正伸著　ダイヤモンド社）から素材を得てアレンジして作成

「3つの方向」（＝振り返りポイント）まとめ
（「3つの視点」「3つの深度」「3つの方向」）

「3つの方向」で、普段の、自己の姿勢を振り返ってみましょう。

①「相手と誠実に向き合っているか」〈基本姿勢〉

②「相手に誠実に寄り添っているか」（※必要な場合）

③「相手と誠実に向き合っていない」（※このようなことはないか）

「〝質の高い〟仕事の進め方」の基盤は、誠実な〝自己の在り方〟です。

「誠実」を簡潔に説明すれば「正直」とほとんど同義語です。私心なく、「正直に、純粋に、全力で、……」相手に向かうのが誠実な姿勢です。

「相手」とは、対人だけでなく、「仕事」、「人生」、「社会」など広く捉えています。重要なのは、「相手に対して」の前に、「自己に対して」誠実かどうかを振り返ってみることです。

そして、「3つの方向」の真意は、身体の方向ではなく〝心の方向〟だということです。大切なのは、「心が向き合っているか」、「心が寄り添っているか」ということです。

第四章

トリプルスリーの実践

第四章　トリプルスリーの実践

第一節「目的思考」

(1) 質問に答える人・期待に応える人

課長が自席に戻ってみると、机の上にカタログが置いてありました。課長は「このカタログは誰が届けてくれたのか……?」と、部下の西田良子さんに尋ねました。

西田さんは、「さあ……。私もさっき席を外していましたから」と、答えました。

あなたが西田さんなら、どのように対処しますか?

常日頃から目的意識を持って仕事をしていると、課長の言葉から「何のために訊いているのか」という「目的」を感知することができます。

では、課長が欲しい情報を、自分が持っていないとすれば、どう動けばよいのでしょうか。「私も席を外していましたので、受け取った人に確認してきます」と、速やかに行動すれば課長は助かります。上司が欲しい情報を素早くキャッチして提供できる、……これが〝できる人〟です。

「知りません」と「答えて」済む場合もありますが、〝できる人〟は「私は知りませんが、ちょっと調べてみます」と、課長の期待に「応えて」いるのです。

質問に「答える」と同時に、相手の期待に「応える」……両方できる人になるためには、普段から目的意識をもって仕事にあたることが必要です。「目的思考」の習慣化です。

たとえば、来店されたお客様が「〇〇はありますか？」と店員に質問します。ただ質問に答えている店員は、「すみません。あいにく〇〇はございません」と応対します。

一方、期待に応えようとする店員は、「何にお使いでしょうか？　それでしたら、〇〇より△△のほうがお役に立つと思います。代わりにいかがでしょうか？」と応対するでしょう。

これは、トリプルスリーの「３つの視点」（「自己の視点」「環境〈例えば相手〉の視点」「目的の視点」）のうち、「目的の視点」の実例です。

(2) クリニックへ突然の訪問者

あるクリニックの週末の昼休み。院長先生に来客がありました。お客様は医薬品卸会社K社の営業マンで、受付係の鈴木さんもお顔だけは知っています。
「ちょっと先生にご相談したいことがありまして、アポイントはとっておりませんが、お取り次ぎ願えませんか」と、営業マン。
このクリニックでは、商談日は原則的に火曜日の午後6時以降です。

そこで、鈴木さんは先生のところへ行きました。

鈴木さん　「先生、K社の方がご相談したいことがあるとお見えになっていますが、どうしましょうか……」
先生　「K社の誰?」
鈴木さん　「さあ……、時々来られる眼鏡をかけた方です」
先生　「眼鏡って?　相談ってなに?　急ぐのかな……」
鈴木さん　「さあ……、それは、ちょっと私にはわかりません。(そんなこと私に聞かれても)」

この事例の場合には、「判断材料を提供して、院長から指示をもらう」のが鈴木さんの仕事の目的です。目的を意識しない連絡は、単なるお知らせになります。

ここでの連絡は、相手に何らかの行動をとってもらいたいからしているのです。判断のうえ指示をもらいたいのか、協力してもらいたいのか、安心してもらいたいのか。

この場合、「判断材料を提供して院長から指示をもらう」ことが「目的」ですから、判断材料となる情報を的確に集めることが鈴木さんの仕事といえます。

このような場合、鈴木さんは、たとえば、

「院長に伝えますので、恐れ入りますが、お名前とご用件をお聞かせいただけませんか？」

というように、しっかり確認すべきでしょう。

あいまいな情報を持っていくだけの「単なるメッセンジャー」になってはいけません。営業マンから、「用件は先生に直接お話しをしたいのですが」と返事があれば、その旨を伝えればよいのです。

この例は、トリプルスリーの「3つの視点」（自己、環境、目的）のうち、「目的の視点」を持っていない人の例です。たちまち「質の低い仕事の進め方」になってしまいます。

（3）「PDCA」は〝質の高い〟仕事の進め方？

「仕事の進め方」と言えば、「PDCAのサイクルを回す」という基本ステップを思い出します。このサイクルを回せば〝質の高い〟仕事の進め方になるのでしょうか？

PDCAのサイクル

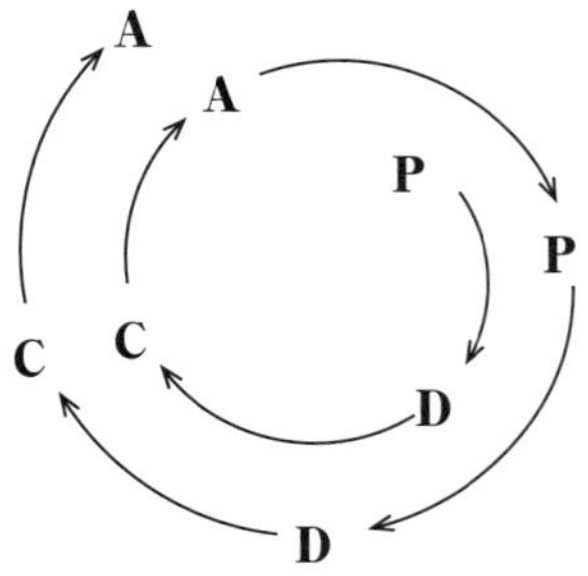

P　Plan　（計画）
D　Do　（実行）
C　Check　（評価）
A　Action　（改善）

PDCAのサイクルを、「〝質の高い〟仕事の進め方」にするためには、二つのことが必要です。

①「目的」から入ることが肝心

〝できる人〟は、ＰＤＣＡのＰ（計画）の前に、「３つの視点」があることを知っています。計画は、手段です。Plan（＝手段）が第一ステップではなく、「目的を明らかにする」ことが最初のステップです。

ＰＤＣＡのサイクルを確実に回すためには、毎回「目的の明確化」から入るのが正解です。サイクルの２回目には、目的の再確認を忘れて、ただ回すだけになりがちです。「手段思考」になるのです。

「３つの視点」のうち「目的」の視点を意識することが肝心です。

といっても、絵に描いたように、きれいに目的から入ることは現実には難しいものです。「手段思考」に慣れているからです。サイクルを回す途中からでも、気づいたとき、迷ったとき、悩んだときに、一旦、目的に戻ってみましょう。「何のために」という目的に立ち戻って見直すと、新しい考えとか、やり方が見えてきます。

②Ｃ（チェック）のステップに問題あり

ＰＤＣＡのＣ（チェック）ですが、ともすると自分「が」状況をチェックするだけになります。

C（チェック）には、本来、二つの「振り返り」が必要です。

一つは、自己「が」状況をチェックすることです。もう一つは、行動主体である自己「を」振り返ること、つまり、PDCAを回している自分を、自分がチェックすることです。「仕事」を振り返るだけでなく、自分を含めた「仕事ぶり」も振り返り、「自分自身を含めた全体状況」を捉えましょう。

トリプルスリーの「3つの視点」のうち、「自己の視点」です。「自己の視点」を欠いたC（チェック）でPDCAのサイクルを回すと、〝質の高い〟仕事の進め方にはなりません。

③チェックの結果によっては……

チェックの結果によっては、改革とも言うべき大きい手を打つ必要があります。単純に回せばよい、とは言えないのです。

また、状況次第では、上位目的に遡った判断が必要な場合もあります。上位目的に照らして判断した結果、最初のサイクルとは別の課題が発生して、別のサイクルも回すことになる場合があります。

状況によっては、上位目的の、さらにもう一段上の上位目的に遡って判断した結果、当初のサイクルを回すこと自体をやめる、という意思決定もあるでしょう。

第二節　情報の共有化の「深度を深める」――情報によるマネジメント

私たちは、どのような仕事に就いても周りの人たちから助けられています。しかし、そのことをあまり自覚していません。他者からの助けを受けるには、関係者との意思疎通、つまり情報の共有化が欠かせないことも、さほど意識にありません。

情報の共有化と言っても、「〝質の高い〟仕事の進め方」をするためには、単なる共有化ではなく、トリプルスリーのうち「3つの深度」を、深度1（事実情報の共有化）から、↓深度2（意味の共有化）、↓深度3（考え方の波長の共有化・思いの共有化）へと意識して深めていくことが必要です。

深度を深めながら、他者を支援したり、支援を受けたりする仕事の進め方を「情報によるマネジメント」と名付けました。

「情報によるマネジメント」の説明に入る入口として、「なぜ、マネジメントなのか？」、「マネジメントとはなにか？」について、まず説明します。

(1)「マネジメント」は、誰でもしている

「自分の意思を、人を動かして、実現する」のがマネジメントです。

ですから、この定義でいえば、「マネジメント」は、部下を持っている課長、部長などに限った役割ではありません。マネジメントは、マネージャーだけの仕事ではなく、ビジネスパーソンなら、日常の仕事の進め方の中で誰でもしています。

次に、このことを説明します。

管理者とは?

諸説があり、定義は様々です。一つの定義を紹介します。

「管理者とは、自分の意思を、人を動かして、実現する人」

(出典『管理者革命』畠山芳雄著　日本能率協会)

これは、すばらしい定義です。

畠山先生によれば、まず明確な「自分の意思」が第一です。高級使用人ではありません。

自発的な意思をもった部門経営者であるとされています。

著書は古いが内容は新鮮です。言い換えますと、中間管理者ではなく中間経営者というニュアンスになるでしょう。

次に、「人を動かして」というところですが、この「人」とは部下だけではありません。自分の意思を実現するためには、まず上司を動かすことが必要である、そして社内外の関係者を動かして、と説かれます。そして、自分の意思を「実現する人」というのが畠山先生の定義です。

マネジメントの定義

上述の畠山先生の管理者についての定義を、勝手ながら、私が管理者をマネジメントに置き換えたのが、**「マネジメントとは、自分の意思を、人を動かして、実現すること」**です。

社内外の多くの人の知恵と力を借りて、一人ではできない大きい仕事をするのが真の仕事師です。

「自分の意思を、人を動かして、実現する」のがマネジメントですから、管理者だけに当てはまるものではありません。中堅社員も若手社員もマネジメントをしています。

そして、仕事の場だけでなく家庭においても、地域社会においても、同窓会の場でも、この定義でのマネジメントは必要です。

上司を動かして、というのはわかるが、社外の関係者やお客様を動かして……というのは、ちょっと語弊があるような気がする、という意見があります。動かすといえば語弊があるかもわかりませんが、動いていただいて、協力していただいて、自分の意思を実現することです。

「リーダーシップとは助けてもらう能力なり」という名言があります。

人を動かす4つの方法

ところで、人を動かす方法は、「自己」が選択しています。指示命令だけをイメージする人もおられますが「あなたは、どのようにして人を動かしていますか？」。

皆さまはいかがでしょうか。あなたの場合は？

研修のなかでこの質問を投げかけますと、いろいろな答えが出ます。答えは、4つぐらいに分類できます。順不同ですが、

①権限にもとづく、指示命令で

②ハートに訴えて、共感をもった働きかけによって

③人格とか、専門性とか、自分の魅力・持ちもので

④情報によって

私は、高度成長期に23年間サラリーマンをやりました。

その頃は、「権限による指示命令で」という上役も多かったし、私もそうやってきました。今日でも有効ですし、必要なことです。「要望すれば、人は動く」のです。でも、限界があります。指示命令では、上役やお客様を動かすことはできません。

また、「意気に感じて、俺達がやらねば、あの人のためなら……」というようなハートによる場面もありました。「心が動けば、身体は動く」ものです。今日でも共感をもって働きかけるのは大切なことです。そして、人格を磨くことの大切さは昔も今も変わりません。

特別な順番はありませんが、もう一つが「情報によって」人を動かすマネジメントです。「事情がわかれば、人は動く」のです。状況を知らせ、意味を伝え、思いを共にする。これが、「情報によるマネジメント」です。

トリプルスリーの「３つの深度」で言えば、「深度１・事実情報の共有化」↓「深度２・意味の共有化」↓「深度３・思いの共有化」へと深めていく情報の共有化です。

（２）３人の父ちゃんのマネジメント

『チームマネジメント』（マネジメントセンター出版部刊）という小林茂さん（元ソニー常務）の本があります。その中で、「靴探しの三つのマネジメント」という一節に３人の父ちゃんが登場します。少しアレンジしていますが、かいつまんで紹介します。

子供たちを集めて野外学習する「あしのこ学校」でのことです。10名ずつ各ホーム（模擬家庭）に分かれてテント生活をします。全体集会の会場から、各ホームに分かれるときに、靴がなくなったりすることがあります。誰かに履き間違えられたのです。靴が見つからない子供は泣き出しそうになっています。

そのときホームを引率・指導するリーダーである父ちゃ

情報の共有化の「３つの深度」

深度１	事実情報の共有化	知っている	聞く
深度２	意味（目的）の共有化	わかっている	訊く
深度３	考え方の波長の共有化	思いの共有化（共感、感動）	聴く

んたちの対処に3通りあるそうです。

〈第一の父ちゃん〉は、自分が駆け出していって探し始めます。もちろん百数十名もいるので、自分ひとりで探しても、靴はみつかりません。

（案外このタイプが多いのです）

〈第二の父ちゃん〉は、あせりから、いろいろ細かく指図して、子供たちに靴探しをさせます。子供たちは、他人の靴探しなどに熱意はなく、よく探しもしないで「ありません」と答えたりします。

（このタイプのマネージャーも結構多いようです）

〈第三の父ちゃん〉は、まず落ち着いて、そのホームの子供たち全員を集めます。そして、履き間違えられた子供に、靴の特徴などを説明させました。子供たちにも、自由に質問させました。無くなった靴の特徴を訊き、代わりに残っている靴の実物をみたりして、子供たち全員が情報を共有しました。次にその父ちゃんは、ではどうしたらよいか？　と全員に質問しました。

何年生ぐらいのホームを探しにいったらよいとか、みんなで手分けして、徹底的に調べればよい、といった対策が決まりました。父ちゃんは「では、出発」と号令をかけました。子供たちは、みんな駆け出していきました。情報が共有できたので興味が湧き、すっかりやる気になっていたのです。その結果、靴はたちまち見つかりました。

子供たちは、達成感に満ちて大喜びでした。間違えられた子供も「ありがとう」と言いました。そのホームのチームワークは、この事件の解決を機に、一気に高まったのです。

ここに登場する、〔第三の父ちゃん〕のマネジメントが、すなわち「情報によるマネジメント」です。トリプルスリーのうち「3つの深度」の例です。

もちろん、場合によっては、リーダー自らが率先して行動にでることも必要です。また、指示命令によって人を動かすことが、有効なときもあります。しかし、「情報によるマネジメント」の重要性、有効性を再認識したいものです。

(3) 青森営業所の佐藤係長の「強み」と「弱み」

化粧品の訪問販売N社の、係長のリーダーシップ研修です。受講者の大半は女性です。そのなかに佐藤さんという青森営業所の内勤の女性係長がいました。

青森営業所は、Nレディと呼ばれるセールスウーマン10名と、内勤は佐藤係長と山本さん、それに所長という構成です。所長は最近赴任した男性ですが、佐藤さん他は地元の主婦です。

研修のなかで、佐藤さんが発表した「自己のリーダーシップの現状把握」のところに、「強みと弱み」として次のように書かれていました。

・〔強み〕は、「成績が急上昇した営業所や、いつも上位にいるところへ電話をかけて、どんなことをしているのか聞いて、それを営業の人に流して、あおっていたことです」

・〔弱み〕は、「部下育成とか後輩の指導は、やってはいましたが、目先のことばかりで長期的なことはやっていませんでした」

ここに〈強み〉として書かれていることが、「情報によるマネジメント」です。

毎週コンピュータで打ち出される順位表を、ただ眺めるだけの人が多いのですが、佐藤さんのしていることは、「情報によるマネジメント」そのものです。

「本社にも知った人がいますから、ときどきは本社にも電話して、情報を聞いて、それも流していました」という佐藤さんの発言に驚きました。そんなことまでしていたのです。

「弱み」の方に書かれていることもいいですね。

自分は内勤ですが、直接の部下ではないNレディたちに対して、積極的に情報を流し指導もしているわけで、自分の仕事の範囲を自分で限定していないのです。

セールスの人は「行ってまいります」と、飛び出したら、もはや管理者の視野の外です。連絡も充分にはとれません。

そういう状況のなかで、主婦であるNレディたちが、どうすれば働きやすいか、どうすれば売れるのか、どうすれば主体的に自分で判断して働けるのか……。

これには、「情報によるマネジメント」が一番有効ではないでしょうか。

雇用形態は多様化しています。パート、アルバイト、歩合給社員、派遣社員の人たちにも、いきいきとフルに能力を発揮してほしいのですが、強制すれば反発し、しらけるし、ハートに訴えるのも容易ではありません。

しかし、情報があり、事情がわかれば、誰でも判断ができます。状況が理解でき、自分で判断したとき、自発的な動きが出てきます。

トリプルスリーの「3つの深度」の実践例です。深度2（意味の共有化）の例です。

（4）ワケを知りたい――「人は誰でも理解欲求をもっている」

あなたが上司の立場にいる人でも、指示だけでは、人はなかなか動いてくれないことを体験しているはずです。「今日中にやれ」といってみても、「あの、今日は家の事情があって、お先に失礼します」と言って断る（実は、デートを優先する）若者もいるでしょう。

といっても、ハートに訴えるのも易しいことではありません。

ところが、（デートだから）お先に……と言うこの若者も、「なぜ今日中なのか」という事情がわかれば動きは変わります。

隣の課が大失敗をしてお客様から叱られている。クレームの対応に大童《おおわらわ》である。うちの課の責任ではないが、君の仕事を今日中に済ませると隣の課も対応がやり易いのだ、という事情がわかれば……。

（そうか、それなら彼女に電話しよう。ワケを話してデートは来週にのばそう）「よし、あの件は今日中に片付けよう」という気持ちになり、行動も出てきます。

「事情がわかれば、身体は動く」。誰でも手足にはなりたくありません。情報があれば判断できます。判断できるから、自発的な動きもできるのです。

これは、上司と部下の間だけのことではありません。ビジネスパーソンなら、誰にとっても、「情報によるマネジメント」は必要です。周りの人の協力を得てこそ「質の高い仕事」ができるからです。

「人は誰でも理解欲求をもっています」。そのワケを知りたいのです。

目的、背景、全体状況、長期的な見通しなどの情報によって、今やっている仕事の「意味づけ」ができるのです。トリプルスリーの「3つの深度」の、深度2（意味の共有化）です。

(5) 気の利く社員が、気の利かない社員になる

トリプルスリーの「3つの深度」の例を続けます。

私は、ある人材派遣会社と仕事上の関係を結んでいました。その会社の女性社員から聞い

た話です。

Yさんという女性スタッフをA社に派遣します。

「いい社員を派遣してくれた、助かっているよ」、という嬉しい声を聞きます。ところが契約が終わって、この人をB社へ派遣すると、今度は「もっと優秀な派遣社員はいないのか、よく教育して派遣してもらいたい、気が利かない人は困るよ」、とクレームがつくのです。

一体、これはどういうことでしょうか？

人材派遣会社の方では容易に推察できるのです。もともと優秀なYさんが、A社ではほめられ、B社では今ひとつというのは、きっと受け入れ側の職場のマネジメントに差異があるのでは、ということです。

A社では、今日来た派遣の人に仕事を頼む場合でも、その仕事の目的、今までのいきさつ、全体状況などを、よく説明しながら仕事の指示をしているのです。状況がわかり情報があれば、誰でも判断はできます。

一方、B社では忙しい職場というのはわかりますが、それにしても、事情を十分説明せずに仕事を指示していたのです。「いつまでに、これとこれをやってください」というやり方です。情報がなければ判断ができないので、言われたことしかできないのも無理はありません。情報提供の手間暇を惜しんでいては、うまくいかないのは当然です。

別の機会に、派遣社員を数社で体験した人にこの話をすると、深く同感されました。A社のやり方が、「情報によるマネジメント」です。

その仕事の「意味」がわかれば動きは変わります。

第三節　トリプルスリーの実践（まとめ）

（1）「人のふり見て、我がふり直せ」

著名な大企業での不祥事が相次いで報道されています（2017）。

・N自動車の無資格者による検査
・K製鋼所の品質データ改ざん
・自動車メーカーS社での無資格者による完成検査
・Mマテリアルの子会社で品質データ改ざん
・Tレ（株）の子会社で品質データ改ざん

これらの不祥事は、「〝質の低い〟仕事の進め方」の実例と言えます。
ここで、本書の最初に書きました式を再度載せます。

【〝質の高い〟仕事】＝【〝質の高い〟専門性】×【〝質の高い〟仕事の進め方】

不祥事の原因分析は各社でされていると思いますが、この式で言えば、原因は「専門性の質」ではなく、「仕事の進め方の質」について探索されるのではないでしょうか。
問題は、産業界だけではありません。
・財務省では、森友学園関係の公文書の改ざん
・防衛省では、「無い」と答弁していたイラク派遣の日報が、実は存在していた
このような報道が続きますと、少々過剰な心配かもわかりませんが、日本全体の「仕事の進め方の〝質〟」が、近年低下しているのではなかろうか……と、心細くなります。

再発防止策としては、
・法令順守の社長通達や研修
・品質管理の組織強化
・監査システムの見直し
・内部通報制度
・品質データの自動入力
……などが策定されるのではないかと思いますが、これらが効果をあげるためには、「内容」だけではなく、再発防止策の「進め方」の質を高める創意工夫が必要です。

すでに詳しく説明しましたが、「〝質の高い〟仕事の進め方」である「トリプルスリー」には、例えば次の項目があります。これらは、再発防止にも役立ちます。

・「手段思考」ではなく、**「目的思考」**で取り組むのが質の高い進め方
・**情報の共有化の「深度を深める」**。事実↓意味↓考え方の波長の共有化
・取り組み姿勢の振り返り。**「相手と誠実に向き合っているか？」**

再発防止策の実行段階では、取り組みへの、関係者の「意味づけ」はさまざまです。

N自動車の例で言えば、
・「国交省から指示されたから」
・「品質に問題はないのに……」
・「真剣に、誠実に法令を順守しよう」

……など、報道によるとばらばらな意味づけ状態が想像されます。

ばらばらでは、組織的なパワーが出ませんので、目的（意味づけ）の共有化を深めるために職場単位での話し合いをされていると思います。（「情報の共有化」の深度２・３です）

手間はかかりますが、「何のために、こんなことに取り組んでいるのか」というテーマでの職場ミーティングは欠かせないと思います。

問題が顕在化した各社では、事態を振り返り、原因分析から再発防止策まで真剣に取り組まれていると思いますが、不祥事の防止に肝心なのは、「3つの方向」の中の**「相手と誠実に向き合っているか？」**という基本方向の自問自答です。（「相手」の意味には、仕事、社会、監督官庁、自己などを幅広く含んでいます）

江戸時代後期の農政家、二宮尊徳の名言があります。

「誠実にして、はじめて禍を福に変えることができる。術策は役に立たない」

二宮尊徳は、荒廃した農村を数多く再建しましたが、元の状態に戻す「復旧」ではなく、一段高い位置へ「復興」させました。不祥事を起こされた各社も、再発防止にとどまらず、一段高い水準の信頼・信用の確保を目指されることでしょう。

日本人なら、たいていの人が、これらの不祥事を知って「ひどい」とつぶやきながらも、心の中では各社の取り組みの成功を願っています。

そして、誰しも**「人のふり見て、我がふり直せ」**、「他山の石」という言葉を思い出しているのではないでしょうか。

（2）A社の執行役員〇〇部長から、不祥事について返信メール

本書の執筆中に、著名な企業での不祥事が相次いで報道されますので、大企業A社で執行役員〇〇部長をされている親しい知人に「貴社ではどのように対応されていますか？」と、メールで質問しました。

次は、その返信メールです。承認を得て概要を紹介します。

＊＊＊＊＊＊＊＊＊＊＊＊＊＊＊＊＊

〈当社では〇〇月にはホールディングスの社長名で、続いてCCO（チーフコンプライアンスオフィサー）名で、グループ内コンプライアンスの徹底を指示する通達が発信されました。□□月にはホールディングスCCOが各事業会社のCCO及び内部統制推進部長を集め、社内総点検の指示が出されました。　（註　コンプライアンス＝法令順守）

社内規定の整備なども含めて、このような対応は各社でとられていますが、偽装とか誤魔化しとかは絶えません。重要なのはそれをおかしいと感じ、その気持ちを素直に上司に

報告相談できるか、どうか、ということです。

先月、子会社のマネージャークラスに対して次のような話をしました。

「まずいことを発見。数日悩んだ挙句、思い切って社長に報告したら、大声で、罵倒叱責された。そうであれば、金輪際、報告はごめんだとなりますね。

もし、社長が、『ありがとう。この数日間辛い思いをしていたんだろうね。これからは一緒に解決策を考えよう』と言ってくれたらどうですか……。

同様に、あなたの部下が自分のミスを告白してくれたら、罵倒しますか？　ありがとうと言いますか？」

正直な報告に対して、感謝の念で、「ありがとう」と言えるか、どうか。

メンバーと課長代理、課長代理と課長、課長と部長、部長と事業所長、事業所長と常務、常務と社長との連鎖にこの「ありがとう」が存在するか、否か。これこそ、まずい情報がトップまで上がる秘訣だと確信しています。

繰り返します、コンプライアンス違反が起きないようにする研修、社長メッセージ、内部統制のシステムは必須です。でも、コンプライアンス違反は発生する。

その時に事態の悪化を最小限におさえるにはどうしたらよいか。大切なのは、上下間のコミュニケーション（情報の共有化を深めること）です。

ですから、上の者もたんなる会社情報を部下に知らせるだけでなく、自分の人生観から始まり、日々感じたこと、たまには自分の弱さを見せるようなことを部下に話すことができるか……。少なくとも自分はそのような職場を目指したいと思います。〉

＊＊＊＊＊＊＊＊＊＊＊＊＊＊＊＊＊＊＊＊＊＊

「企業人にとって、最大の環境は上役なり」という名言を思い出します。

誠実（正直）は、自己責任で貫くべきものですが、相手によって左右されるのも現実です。

Aさんには、正直に報告できないが、Bさんには正直に相談できるのです。

（3）「互恵《ごけい》」で「生き生きと働ける」組織づくり

「まえがき」に書きました式を、もう一度繰り返します。

【〝質の高い〟仕事】＝【〝質の高い〟専門性】×【〝質の高い〟仕事の進め方】

一時期、一部の企業で、アメリカのマネジメント直輸入の、浅い理解での行き過ぎた成果主義が見られました。そこでは、各人の専門性を高めることで組織の生産性は高まりましたが、反面、社員のタコツボ化を招き組織力が低下したそうです。

【組織力】＝【個人の力】×【個人間のつながり】

と、表現できます。

「個人間のつながり」とは、「情報が共有化されている」ことです。そして、「情報の共有化」が深まると、「互恵の関係」ができます。職場の同僚がやっていることを、お互いに、ある程度わかり合えている状態です。情報の共有化の深度3「考え方の波長の共有化」（思いの共有化）にまで深まると、お互いの気持ちも通じます。そして、互いに助け合うのが「互恵」です。

個人の仕事力だけでなく、組織の仕事力を高めるのが、「〝質の高い〟仕事の進め方」です。

人と人のつながりを深めて、生き生きと働きましょう。トリプルスリー（〝質の高い〟仕事の進め方）は、一人ではできません。

社内外の異質・異能の人の知恵と力を借りて、「自分一人ではできない大きい仕事に取り組む」のが自立人間同士の「互恵」です。

お互いの個性、持ち味、強みなどを活かして、シナジー（相乗効果）で問題を解決し、成果を上げるのが互恵です。

さらに、見返りを求めず他者を助けるのが、「支援」です。人間は産まれると、一人では生きていけません。母親をはじめ周りの人たちに依存して生きてきて、成長し自立していきます。依存から始まった自分の人生。お返しの支援ができて、多少でも帳尻合わせができれば幸いです。

「支援」になるかどうかは、相手が決めることです。支援の気持ちが大切です。

最後に、もう一度依存するのが人間です。高齢になり介護を受ける依存もありますが、誰しも人生の卒業は、他人のお世話にならないと自分一人ではできません。

人生の段階

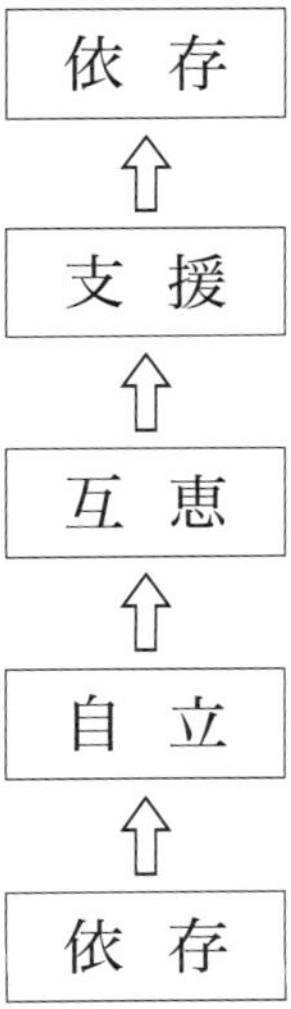

互恵には「支援の心」が必要です。

もし、相手のお返しが確実に期待できるときだけ協力するのなら、その関係は実をむすばないでしょう。それは、互恵とは似て非なる「ギブ・アンド・テイク」です。

相手に期待するのは依存的人間です。自立人間が、主体的に自分のほうからするのが互恵です。相手から、もしお返しが何もなければ、互恵よりも一段上のステージである「支援のステージ」に立てたと思えばよいのです。

ところで、「互恵」と一見似た言葉に「ウイン・ウイン」があります。

ウイン・ウインは、互いに主張しあい、議論を交わして、自分のメリットに納得し、妥協点を見つけて合意します。

ウイン・ウインは与え合うというよりも、互いにメリットを取り合うものです。ウイン・ウインも大切ですが、私たちがトリプルスリーで目指しているのは、互恵です。

互恵の関係は、お互いの専門、経験、考えなどの知恵と行動で「心の協力」と「行動の協力」をする関係です。心で助け合いたいと思っていて、行動でも協力するのが一番確かな互恵です。そこを目指したいものです。

仕事の場は仲良しクラブではありませんから、そこにいる人は、互いに競争相手であり、同時に、助け合う仲間です。

個人が、トリプルスリーで「仕事の進め方の質」を高め、さらに組織が「仕事の進め方の質」を高めるためには、「競力」と「協力」が重要です。

(4) 開発の行き詰まりを打開した情報入手（互恵）

福井さんは優秀な開発担当者です。新商品の開発に、日夜打ち込んでいます。しかし、このところ行き詰まり、なんとか打開しようと思案しているものの、手掛かりとなるヒント、突破口となる切り口がみつからず悩んでいました。

ある日、福井さんが「○○分野は、専門知識がないので……」と、ふと洩らしたのをTさんが耳にしました。

Tさんは、「福井さん、千葉工場の山下さんに訊いたら何かあるかも知れませんよ。大学院でその方面の研究をしていたと聞いたことがあります」と、言いました。たまたまその場にいたEさんは、「僕の従兄弟に、その道の専門家がいますが、よろしければ紹介しますよ」と言いました。

この職場では、お互い同士の知り合い度が深く、互いに同僚の仕事に関心をもっていたのです。

福井さんは、情報入手の手掛かりを得ました。

Eさんの従兄弟の専門家と、千葉工場の山下先輩の知恵をかりて、相当な日時を要し悪戦苦闘しましたが、なんとか新商品の開発に成功しました。

福井さんが必要な情報を入手できたのは、かねてから後輩のTさんやEさんに、アドバイスや、温かい励ましもしていたからです。Tさん、Eさんには「お返しをしたい」という気持ちが、無意識のうちに自然に生まれていました。

トリプルスリーの「情報の共有化」が、深度1（事実）↓深度2（意味）↓深度3（思い）へ深まって、「互恵の職場」になっていたのです。

「質の高い仕事」は、一人ではできません。この事例では、ふと漏らした言葉から情報が入手できましたが、〝できる人〟は、意識的に、「相談によって周りを巻き込み、一人ではできない大きい仕事」に取り組んでいます。

* *

ところで、日本と米国では、「仕事の進め方」が違います。

米国では「仕事と人」が結びつきます。文字通り〝就職〟です。各職務（仕事）が詳細に分析されて職務記述書に記載されます。各個人は、明確に定義されている仕事を契約します。契約にもとづき「結果」を出すことが求められます。したがって、職務記述書に記載されていない他人の仕事には手出しも口出しもしないし、できないのが普通です。

（参考図書）：『アメリカの賃金・評価システム』笹島芳雄　日経連出版部
『公と私』三戸　公　未来社

日本では「会社と人」が結びつきます。〝就社〟です。基本形態としては、その会社へ「入社」して、入社後職場へ配属されます。会社は契約だけでなく黙約（阿吽《あうん》の呼吸）も大切にする組織であり、結果だけでなく「進め方」も重視します。日本企業の組織力は、個人と個人のつながりで強くなり、職場では社員同士の協力（互恵）が期待されます。

わが国では、明治のころから互恵の心得を促しています。古い情報を持ち出しますが、次は三菱会社社則の第七条からの部分引用です。

「出社定刻中間暇アルトキハ他人担当ノ事務ヲ相助ク可シ……」

（註：東京の三菱資料館に社則関係の資料も保存されています）

ビジネスの

トリプルスリー

「3つの視点」とは、次の3視点です。

①「自己」との関係で手段を捉える
②「環境」（例えば相手）との関係で手段を捉える
③「目的」との関係で手段を捉える

「3つの深度」とは、情報の共有化の「3段階の深度」のことです。

① 深度1「事実情報の共有化」（文字、数字が伝わる）
② 深度2「意味の共有化」（目的や、背景情報で意味がわかる）
③ 深度3「考え方の波長の共有化」（思いの共有化／共感、感動）

「3つの方向」とは、自己の姿勢・在り方を振り返る3つのポイントです。

① 相手と誠実に向き合っているか
② 相手に誠実に寄り添っているか（※必要な場合に）
③ 相手と誠実に向き合っていない（※このようなことはないか）

読者の皆さまには、「〝質の高い〟仕事の進め方」について、ヒントをつかんでいただけましたでしょうか……。

……………………

この書籍の出版に際しては、多くの方々のご支援をいただきました。
ありがとうございます。

二〇一八年四月

糸藤正士

〔著者略歴〕糸藤正士《いとふじ》　昭和九年生まれ、昭和三十三年京都大学（法）卒。同年光洋精工（株）〔現（株）ジェイテクト〕へ入社。総務、人事、購買で部長を務め四十六才で退社し、（株）リクルートと業務（講師）委託契約を結ぶ。五十八才で独立。「〃質の高い〃仕事の進め方」を「真・報連相」の名称で研修教材として開発し、研修講師を業とする。開発した教材は、（社）日本報連相センターを設立して会員（コンサルタント、研修・講演講師／登録者六〇〇名超）へ提供している。〔なお、「真・報連相」を広める活動は、現在（社）日本報連相センター代表の延堂良実氏によって運営され、研修教材が提供されている。（社）日本報連相センターのホームページ：http://www.nhc.jp.net/〕

〔著書〕『真・報連相のハンドブック』（日本報連相センター）
『経営者・管理者のための決定版「真・報連相」読本』（鳥影社）
『報・連・相の技術がみるみる上達する！』（日本実業出版社）

〔連絡先〕〒636-0912　奈良県生駒郡平群町竜田川1丁目14の5　糸藤正士
Eメール　itofuji@asahi.email.ne.jp　電話　0745-45-8286

〝できる〟人がやっている
〝質の高い〟仕事の進め方
秘訣はトリプルスリー

定価（本体 1600 円 + 税）

乱丁・落丁はお取り替えします。

2018年 5月 6日初版第1刷印刷
2018年 5月13日初版第1刷発行
著　者　糸藤正士
発行者　百瀬精一
発行所　鳥影社 (choeisha.com)
〒160-0023 東京都新宿区西新宿3-5-12トーカン新宿7F
電話 03-5948-6470, FAX 03-5948-6471
〒392-0012 長野県諏訪市四賀229-1(本社・編集室)
電話 0266-53-2903, FAX 0266-58-6771
印刷・製本　モリモト印刷・高地製本

ISBN978-4-86265-681-0 C0030